1. 6204 (4)
C.1.

12553

POÉSIES PATOISES.

PREMIÈRE PARTIE.

J. FOUCAUD.

LIMOGES. — IMP. H. DUCOURTIEUX, PL. DE LA POISSONNERIE.

POÉSIES
EN
PATOIS LIMOUSIN.

OEUVRES COMPLÈTES

DE

J. FOUCAUD, P. RICHARD, ETC.,

NOUVELLE ÉDITION,

REVUE, CORRIGÉE, AUGMENTÉE DE PIÈCES INÉDITES
ET D'UNE NOTICE SUR LE PATOIS LIMOUSIN.

1re Partie. — J. FOUCAUD.

LIMOGES

Th. MARMIGNON, Libraire, place des Bancs, 23.
H. DUCOURTIEUX, Imp., place de la Poissonnerie, 6.

1849

1848

Jean-Baptiste FOUCAUD naquit à Limoges en 1748, fit ses humanités et sa philosophie chez les Jacobins de cette ville, s'engagea dans leur ordre, et y reçut la prêtrise. Il montra qu'il savait aussi bien suivre son devoir que son inclination, et s'appliqua principalement à l'étude de la théologie, de l'histoire ecclésiastique, des Pères et de l'Ecriture-Sainte en même temps qu'il apprenait l'histoire profane, les belles-lettres, la poésie, les langues vivantes, la botanique et les mathématiques, pour lesquelles il eut jusqu'à la fin de sa vie un goût particulier. Cette instruction si partagée compose le fonds et le bagage de l'homme aimable plutôt que du savant ou de l'érudit ; parce qu'en étendant l'esprit de tous les côtés, sans lui donner plus de profondeur, elle ne l'éclaire sur toutes les faces que superficiellement. Le père Foucaud avait une facilité agréable de parler; il acquit en outre promptement le don d'amener les matières théologiques à la portée des gens du monde, il se fit prédicateur; et ceux de ses contemporains qui l'ont entendu prêcher disaient que les auditeurs se portaient en foule à ses sermons. Il fallait que son inclination pour les sciences exactes fût bien profonde, puisqu'il put, presque sans secours, atteindre aux parties les plus élevées des mathématiques, si peu cultivées en ce temps-là à Limoges et dans le couvent où il les étudiait. Les esprits naturellement mathématiques veulent tout expliquer mathématiquement et selon les formules du raisonnement humain. De là naissent les méfiances, les doutes, l'incrédulité même sur beaucoup de choses ; et ce qui devrait être cru par eux sans examen est toujours ce qui leur coûte le plus à croire. Le père Foucaud cédant, ainsi que bien d'autres, aux entraînements philosophiques de la fin du dix-huitième siècle, se lia intimement à l'école voltairienne. Aussi la révolution de 1789 qui poussait à l'affranchissement des hommes et des idées le trouva prêt et au premier rang de ses disciples et de ses apôtres. Le 14 juillet 1790 il eut l'honneur de célébrer la messe de la Fédération, sur la place Tourny de Limoges, au milieu d'un concours immense de ses concitoyens, que grossissaient encore les députations venues d'un grand nombre de départements voisins. Trois ans après, le culte catholique était aboli par la Convention nationale; et M. Foucaud, rentré dans la vie civile sans renoncer au célibat, fut successivement payeur aux armées, juge de paix, professeur de belles-lettres à l'école centrale du département de la Haute-Vienne, et chef d'une institution universitaire.

Il mourut à Limoges, le 14 janvier 1818 : depuis quelque temps, il s'était réconcilié par la pénitence avec l'Eglise ; et le vénérable ecclésiastique dont il reçut à ses derniers moments les secours spirituels, déclara publiquement que M. Foucaud, au lit de mort, avait montré la résignation la plus chrétienne [1].

M. Foucaud avait beaucoup étudié la vieille langue limousine ; il en parlait les différents dialectes ou patois : il lui trouvait, avec raison, de la richesse, de l'énergie et une remarquable flexibilité à toutes les mesures de vers. Auteur de plusieurs chansons et pièces fugitives en patois de Limoges, il imagina de composer, dans le même idiome, des imitations de quatre-vingt-une fables de La Fontaine. L'épître dédicatoire est

---

[1] Annales de la Haute-Vienne, numéro du 23 janvier 1818.

adressée à ses collègues de la Société d'agriculture de la Haute-Vienne ; M. Foucaud y rapporte l'anecdote suivante ; elle a trait à nos paysans limousins :

« Pendant mon séjour à la campagne, durant la belle
» saison, j'ai fait réciter, le soir à la veillée, quelques-
» unes de mes fables, dans les réunions de ces braves
» gens qui se faisaient habituellement chez moi. L'im-
» pression faite sur eux, en excitant ma surprise, a
» été une jouissance bien douce pour mon cœur. Ils
» ont dit à la jeune personne qui les récitait : — *Moun*
» *Diü! domouéizello, coumo qu'éy bravé! Visás, diriás qué*
» *qu'éy dé las counféréncas.* — Et ils la prièrent d'en faire
» apprendre quelques-unes par cœur à leurs enfants. Ce
» qu'elle fit.

Cette circonstance était de nature, on le conçoit, à frapper vivement l'esprit de M. Foucaud ; il se persuada qu'en publiant ses fables patoises il contribuerait à l'instruction et à l'agrément des habitants de la campagne ; et cette pensée philanthropique *le décida*, comme il le dit lui-même, *à livrer à l'impression un travail où il n'avait d'abord cherché qu'un moyen d'égayer les loisirs de sa vieillesse.*

La Société d'agriculture chargea une commission de lui faire un rapport à ce sujet ; celle-ci « reconnut que
» M. Foucaud avait excellé dans le choix du sujet en
» entreprenant de parodier les fables d'un poète qui a
» été surnommé le poète de la nature, et qui, ayant su
» réunir la finesse à la naïveté, a attrapé le point de
» perfection dans le genre de l'apologue.

» La commission a retrouvé dans la traduction de
» M. Foucaud les mêmes charmes de l'expression et du
» badinage, et cette molle négligence qui décélait dans
» son modèle le grand maître et l'écrivain original ;
» même aisance, même vivacité dans les réflexions

» morales que le traducteur a cru devoir ajouter pour
» rendre l'ouvrage encore plus intéressant[1] ».

Ce jugement, dicté par une excessive bienveillance envers un collègue généralement aimé et honoré, ne sera pas sans doute ratifié par le goût et la raison, aujourd'hui que le temps nous a mis à une distance convenable des auteurs et des circonstances où ils écrivaient. D'ailleurs, comment pourrait-on concilier entre eux les termes de ce rapport dans lequel on attribue à *la parodie* des fables de La Fontaine, c'est-à-dire à l'imitation ridicule d'un chef-d'œuvre les admirables qualités de l'original? Même charme de l'expression! même aisance, même vivacité dans les réflexions morales!!... En s'exprimant de la sorte la commission ne s'était pas souvenue de ces deux vers de La Fontaine :

Rien de trop est un point
Dont on parle sans cesse et qu'on n'observe point.

La publication des fables patoises excita de nombreuses critiques et souleva, dans le journal du département de la Haute-Vienne, une polémique où M. Foucaud ne se montra ni le moins habile ni le moins spirituel[2] : sa dernière réponse surtout est une espèce d'apologue fort original et fort ingénieux. Dans une de ses lettres, il déclare nettement ce qu'il a eu l'intention de faire, rien de plus, rien de moins.

« *Mes fables* de La Fontaine, écrivait-il... eh! qu'on
» ne vienne pas encore me chicaner sur cette expres-
» sion. Je dis que ces fables sont de La Fontaine, tout le
» monde les reconnaît. Je dis aussi qu'elles sont mien-
» nes par le tour et la nouvelle physionomie que je leur
» ai donnés. De manière que toutes les beautés qu'on

---

[1] Rapport fait à la Société d'agriculture de Limoges le 11 décembre 1808.
[2] Juin et juillet 1809.

» y voit sont de La Fontaine, et tous les défauts qu'on y
» trouvera m'appartiendront... En vain on s'obstinera
» à me donner le nom de traducteur : on n'y sera ja-
» mais autorisé... Je connais les obligations d'un tra-
» ducteur, et je n'aurais pas manqué de les remplir si
» j'avais voulu faire une traduction [1]. »

M. Foucaud a écrit ses fables en vrai patois de Limoges. Au lieu de faire usage de cet idiôme local, hérissé de mots d'un français corrompu, sans orthographe déterminée, et qui a le défaut de n'être bien compris que dans un rayon de quelques lieues autour de cette ville, que n'a-t-il employé la vieille langue limousine? Là, il aurait eu d'excellents modèles à suivre, des règles de prosodie toutes faites, une orthographe fixée par celle des sirventes; il se serait garanti de cette foule d'accents, de points et de trémas mis à tout propos et le plus souvent mal à propos sur les voyelles : accentuation incommode pour les yeux, inutile pour l'oreille, et qu'on ne trouve ni dans les vieilles poésies authentiques des pays entre la Garonne et la Loire, ni, de nos jours, dans les exquises poésies de Jasmin, le restaurateur de la langue romane[2]. Certes, un travail de ce genre n'était ni au-dessus des forces de M. Foucaud, ni au-dessus de son savoir, et il aurait pu composer un de ces heureux pastiches qui s'élèvent parfois au niveau d'une œuvre originale. Notre vieux limousin se serait merveilleusement assoupli aux grâces et aux hardiesses de La Fontaine; il l'aurait suivi sans peine dans le style familier et dans le haut style; il aurait rendu avec élégance et fidélité les fines intentions du fabuliste qui,

---

[1] Journal du département de la Haute-Vienne, juin 1809.

[2] Ce défaut a été corrigé par les nouveaux éditeurs : ils ont réduit autant que possible le nombre des accents et des trémas et ne les ont conservés que là où ils facilitaient au lecteur l'intelligence des mots en le forçant à prononcer toutes les lettres.

lui-même, employait complaisamment les plus vieux mots de la langue.

L'ancienne langue limousine est un dialecte du *rouman* qui se forma au moyen-âge lorsque le néo-latin se répandit en Italie, dans la France d'*Oc*, en Espagne et jusqu'en Portugal. Poussée au nord de l'Aquitaine, elle a nécessairement reçu, par l'effet du voisinage, de nombreuses infiltrations de termes de la langue d'*Oïl* que parlaient les peuples des rives de la Loire. C'est donc au latin qu'il faut demander la plupart des origines, des étymologies et des racines des mots purement limousins, et notre dialecte a retenu une foule d'expressions et même des phrases entières de la basse latinité.

D'après l'excellente définition donnée par l'Encyclopédie, la langue limousine, de même que le français, est *une langue analogue*; c'est-à-dire que la succession des mots dans le discours s'y conforme à la marche des idées et à leur gradation analytique; car les *langues analogues* sont, par rapport à l'esprit dont elles dessinent et traduisent les mouvements, comme la liqueur qui prend en s'étendant toutes les formes du vase dans lequel on la verse. Les mots limousins sont longs, sonores et même un peu emphatiques, comme l'espagnol; accentués et propres à la musique, comme l'italien. L'absence de l'*é muet* et le grand concours des voyelles établissent leur filiation avec ces deux langues; mais le dialecte lui-même se rapproche du français par la construction des phrases, l'asservissement aux articles, et l'usage des verbes auxiliaires. Il compte beaucoup de diminutifs et de mots composés : les premiers lui donnent de la grâce et du piquant ; les seconds produisent de la précision et de l'énergie : on y exprime en un seul mot ce qu'on ne saurait rendre en français que par une périphrase. Aussi les fables patoises contiennent un grand nombre de vers riches de poésie ; nous ne voulons pas les citer, mais à la lecture ils se feront connaître avant qu'on ait eu l'idée de les chercher, et nous ne pensons pas que ce soit un plaisir qui s'épuise promptement et sans fruit.

Les fables de M. Foucaud ont eu deux éditions aujourd'hui complètement épuisées : celle de 1809 était en deux volumes in-12 ; celle de 1835 en un seul volume in-8°. Selon nous, c'est rendre un véritable service à la science philologique que de les publier de nouveau. En effet, grâce à l'instruction primaire et à ses progrès incessants, la langue française, la langue nationale aura fait disparaître avant peu de temps tous ces idiômes particuliers qui, d'une province à l'autre, entretenaient les souvenirs et les distinctions de races. Chaque pas, chaque jour nous rapproche de l'unité en toutes choses. Mais c'est justement à cause de cette espérance prochaine de fusion, dont l'accomplissement définitif mettra en oubli toutes les différences de langage, qu'il est bon et utile de soigner par l'étude, et de placer dans les bibliothèques les monuments grands ou petits qui se rapportent directement à la primitive individualité des populations dans leur ensemble ou dans leurs parties. Or, rien n'est plus sacré, plus respectable que l'entité même du langage : c'est là que se trouvent les plus précieuses traditions, les meilleures antiquités et les souvenirs de naissance et de formation de chaque agrégation d'hommes ou de peuples.

Ainsi, portons à notre vieil idiôme limousin et même à notre patois un respect raisonné : mais faisons nos efforts pour n'avoir plus besoin de le parler, et surtout pour qu'on ne le parle pas autour de nous. Que ce soit une lettre morte, enfermée dans nos bibliothèques, et ouverte seulement aux investigations des philologues et des antiquaires. Etudions-le néanmoins, afin d'en connaître et d'en conserver la filiation complète ; car ce vieux dialecte est le descendant de la langue classique du midi. Sa décadence a commencé au quatorzième siècle ; mais Jasmin ne vient-il pas d'en faire reverdir la couronne poétique? Cette langue fut celle des troubadours occidentaux, ce fut celle de nos pères ; il y a 650 ans qu'elle servait à solliciter à l'indépendance nationale l'Auvergne, le Limousin, le Poitou et le Périgord dans les sirventes du patriotique Bertrand de Born et de ce fier dauphin d'Auvergne qui, poète et guerrier à la fois, défiait le puissant roi d'Angleterre, Richard Cœur-de-Lion, et lui écrivait :

>   Reis pus vos de mi chantatz
>   Trovatz avetz chantador,
>
>   . . . .
>   Qu'ieu no soiy reis coronatz
>   Ni hom de tangran ricor
>
>   . . . .
>   Pero Dieus m'a fag tan bon
>   Qu'entr'el Puey et Albusson
>   Puesc remaner entr'els mieus,
>
>   . . . .
>   (*Poésies des Troubadours*, t. IV, p. 237.)
>
>   Roi, puisque vous chantez de moi,
>   Vous avez trouvé qui chantera de vous,
>
>   . . . .
>   Je ne suis point roi couronné,
>   Ni homme de tant de richesses que vous,
>
>   . . . .
>   Pourtant grâce à Dieu,
>   Entre le Puy et Aubusson
>   Je pourrai tenir ferme avec les miens. »
> (A. THIERRY, *Hist. de la conq. de l'Anglet.*, t. IV, p. 122 et 123.)

A MOUSSU LO FOUNTAINO.

Tè qu'as méï lou noujàü[1] dé lo francho-varta
Dïn dé bravéix tiéz[2] dé méïsùnjo,
Té qu'àu nâz d'un grand réï as prèï lo liberta
Dé déboujas[3] loû torts dàu lioun countré lo
Lo Fountaïno! té fâchas pas   [jùnjo[4],
Si vàu prénéï toun air risiblé ;
Co n'éï gro per té countrufas[5];
Sabé plo dé-ségur qué co n'éï pas poussiblé :
Mâs trobé toun libré tan béü !
T'àu ay dit tàn souvén, màï t'àu dizé d'enguêro[6]
    Qué tàü voudrio qu'àu fussé méü
    Pèr toù loù trônéix dé lo terro.
    Màï tàü dizé bién tou-dé-boun.
Mé suchié bé qué càüqué sot n'én groundé ;
L'iauro toujours dé grans réïs dïs lou moundé,
    N'iauro jomàï Lo FOUNTAÏNO SÉGOUND.

(1) Le noyau.
(2) Coque.
(3) Dévider.
(4) La génisse.
(5) Contrefaire.
(6) Encore.

Toû loû poys, toû loû téns, toû loû agèix
　　N'én poudran jomaï fâs lour prou[7] ;
Loû jàunéix màï loû viéix, loû pàïs màï loû méinajèix
　　L'y trobén toû càuco bravo léyçou
　　Qué loû po fâs vénî pû sàgèix.
　　Loû peillaïrèix[8], loû gros-seignours
　　　Se mirén dìs tâs porobolas ;
　　　Loû éycouliéz mâï loû dotours
Gâignén toû à légî tâs mîndras foribolas.
　　Pèr fâs lâs robas[9] dàu tyrans
Tâ parla coumm'un diü loû lingagé daû angèix.
Mé, né jargoussé mâ[10] lou potouéï daû péyzans
Mâï volé tou-poriéz té boillas dàû louangèix.
É pèr té poudéy fâ un bravé coumplimén
　　N'aï gro méytiéz dé rédimén[11].
　　Né vàu mâ répétas tâs foblas,
　　Lâs soun tan lénas[12] ! tən aimoblas !
　　Lour moral'o tan bounn'audour !
　　É lour sàu[13] tan bouno sobour !
　　Surtou lâ soun tan vartodiêras[14] !
　　(Quoiqué n'iàyé d'un pàu goillèras[15])
Qué si lâs tràüillé[16] pas siràï plo prou countén
　　D'ovéy si b'émpluya moun tén.

(7) Marquer assez leur admiration.
(8) Déguenillés.
(9) Faire la semonce.
(10) Ce mot équivaut au français cochoner, faire mal.
(11) Ce mot est pris ici pour tous les livres qui contiennent les préceptes de l'éloquence.
(12) Polies, coulantes.
(13) Sel.
(14) Qui dit la vérité.
(15) Libres, qui se donnent des libertés.
(16) Ce mot désigne l'action de celui qui se vautrerait dans de l'herbe déjà haute.

Lo Cigalo è lo Fermi.

Is màn counta qu'uno Cigalo
L'hyvér darniéz guèt lo fan-galo[1],
É vous volé countâs coumén
L'y survenguèt quell-accidén.
Tout l'eïtiü quello parporello
Vio fa so bello domoueizello ;
Néi-t-é jour l'iaurias pas vû fâs
D'àutré méytiéz qué dé chantâs.
Quan lo bizo fuguêt véngûdo
Ah ! dissé-t-ello, saï perdudo !
Pén bri dé vérmé, dé moûchan[2] !
Fàu plo qué ïaü mêré dé fan.
Lo sen onéit crédas fomino
Châz càüco fermi so vézino
É copounas pèr-mour-dé-diü
Déqué broûtâs déïch-à-l'éytiü.
Bouéï ! praïto mé l'y dissè-t-ello
Per viauré, càüco bogotello ;
Tu siras (*fé dé parpoillaü*)
Poyado dîs tou lou méy d'aü.
Té tournoraï avec uzuro
Toun gagé[3] màï to nûrituro.
Lo fermi ne praït-à dégu,
Soun trobàï faï soun révéingu :
Léï bé, coum-un sait, méinojéro.
Mâs lo néï pén-piaü[4] éizuriéro.
  No fermi !
  Béï co fi !

(1) Faim dévorante, faim canine.
(2) Mouches de toute espèce.
(3) Objet propre à mettre du grain.
(4) Pas un brin, pas du tout.

Co màï d'éïmé qué noù san-douto,
Co sén dé louén no bancorouto,
É jomàï dé bancoroutiéz
Né rouéïnoro pén fermijiéz.
— Mo pàùbro sor sàï plo fàchado
Qué vou chias tan émborossado
Hujan [5] précisomén l'io tan dé bé-dé-diù [6]
Qué fogias-vou doun tou l'éïtiù?
— Cé qué fogio? pardi chantavo;
Màï tou lou moundé s'arrêtàvo
Podé diré (séï mé flotas)
Expréz pèr m'énténdré chantas!
— Vou chantovas? nén sàï charmado,
Éyb-auro dansas n'auvergnado [7].

Méinagéïx! quéù counté v'aprén
Qué fàu bién empluyas soun tén.
Quéy dîs l'éïtiù dé lo jàunesso
Qu'un tuo l'hyvér dé lo vieillesso;
É lou proverbé néi pas fàù :
Qui fàï màù soun liet couéijo [8] màù.
Fouillo fas soun gronier quand lou froumén s'éycoudio [9];
Lou tén perdu jomàï né tournoro,
Qui no pas vougu quan-t-au poudio
Né poudro pûs quan-t-au voudro.

(5) Cette année.
(6) Abondance de récolte.
(7) Bourrée d'Auvergne.
(8) Couche.
(9) Était battu.

Lou Rénar é lo Gràülo.

L'iovio no-vé no viéillo Gràülo
Perchado sur no grando gàülo,
Qué teigu-un froumag-én soun beit
Iaü vou dirio pas bién énté lo lou raûbéit ;
Un Rénar, dessoû, lo vistavo
Éntré sé-méim-au coumplotavo
Dé lou l'y véy, màï lou l'y guèt,
É véy qui coum-au s'y prénguèt :
Adichias modamo cournéillo !
Daû aûzéûx vou séz lo mervéillo ;
A moun éïvîs, ré dé si béü
Qué lo fémélo d'un courbéü !
Càüs péz ! càü têto ! càü plumagé !
Séy méntis, si votré romagé
    Eir'à làvénén[1]
    Très certainomén
Déssur toû loû aûzéûx voû nén pourtas lo paillo
    Dîs loû bos n'io pén qué voû vaillo
Ni pàn, ni roussignàü, ni cigné, ni sénis
    N'io mâ vou qué chias lou fénis.
Dé s'énténdré vantas, lo sufflâvo dé jòyo
    Eytopàü[2] lo nén poyèt lôyo[3].
    Esséy lou fénis d'àü aûzéûx !
    Ah ! lo troubavo co tan béü !
Dé miér chantas qué toû lo véy-qui qué sé pico ;
    Pèr moûtras so bello musico
    L'éybêtido d'àybro lou bét,
    Mo fé lou froumagé toumbét.

---

(1) En proportion.
(2) Aussi bien.   (3) La façon.

Plo counténdé l'овéï finado,
Moun drolé dé Rénar n'én fàï mâ no gourjado⁴;
Màï dénguéro⁵ quél-insolén
L'y fàï, én lo quîttan, quéü molïn coumplimén :
Apprénéz, bello domoueizello,
Qué nén côto pèr esséy bello,
Vôtré froumag-éy no léyçou.
— Màï nén payé plo lo féyçou !
Dissèt, én prénén lo voulado,
Nôtro Gràülo tou-t-éycunlado⁶
Né crézé pas qué pén⁷ Rénar !...
Jomàï pùs !... Màs quéiro tro tar.

Quéü count-éy pèr noü toü, mâs surtou pèr las fillas ;
Loü garçoüs las trobén jéntillas
É quan l'aurians lours nâz rotas⁸
Las soun toutas dé las béütas.
Quello qué prén plosèy dénténdré quéü lingagé
Qué préigné gard-à soun *froumagé*.

(4) Une bouchée,
(5) Encore.
(6) Penaude, honteuse, interdite.
(7) Aucun.
(8) Gravé de petite vérole.

Lou Rénar é loù Rosins.

Un Rénar,
Sur lou tar[1],
Sé cantouno
Sous no touno
Dé muscat
Délicat,
Boun é béü
Bién rousséü[2],
Plo modur[3]
Dé-ségur[4].
Pèr nén véï[5]
Qua-l-èinéï
Lo treill-éy hàuto
Moun Rénar sàuto,
É sàuto ! sàuto !
Sàutoras-tu ?
Jomàï so pàuto[6]
Nén mâgno gru[7].
Quéü pêto-vanto[8]
Alors sé planto

É dit tout-bas :
Nén vouillo pas.
Qu'éy bé tan vér
Coumo luzér[9]
Co déü êtr-àgré
Coumo vinâgré ;
Càüqué gouja
Nàurio mïnja ;
Co néy mâ bou
Pèr un jantou[10].
Quéü count-éy vràï
Coumo sàï làï[11],
Mâs qu'îs nén rit
Dit én sé méimo,
N'homé d'esprit
Fàï plo dé méimo,
Nécessita
Fàï no vertu
(Pèr vonita
Bién énténdu).

(1) Sur le soir.
(2) Bien roux.
(3) Bien mûr.
(4) Assurément.
(5) Pour en avoir.
(6) Sa patte.
(7) N'en touche grain.
(8) Cet orgueilleux.
(9) Lézard.
(10) Un paysan.
(11) Comme je suis là-bas.

Lo Gronouillo é lou Biàü

No Gronouillo vistav-un Biàü
Qué l'y poréichio béü dé taillo ;
Ello qué n'éyro pas tan grosso coum'un yàü
Lo véyqui dé sufflâs, lo séyten, sé troballo,
É lo sé créü dé bouno-fé,
Déijà tan grosso coumo sé.
Ey-co vraï? sàï ïàü prou[1] üfflado?
Dissèt-éyl-à so comorado.
— Bouéï! noungro[2].
— Eyb-auro[3]?
— Pïü! bé nén séz vou louén dénguêro[4] !
Lo sé cujét[5] mettr-én coulèro.
— Quetto vé?... Pas vràï qué l'y sàï?
Bouéï[6]! vou n'y toumboréz jomàï.
Lo tourno dé nouvéü fas jugas so mochouéyro,
Mâs làu poyét char quètto-vé :
Lo sûfflèt coumo no pédouéyro[7]
É lo pétèt coum-un chàüvé[8].

Quéü counté néy pas tan no fablo
É qu'aribo bé toü loü jours,
Pèr lo toualetto, pèr lo tablo
Loü pitîs volén nas coumo daü gros-seignours;
Modamo vonita chotouillo,
Tàü qué sûfflo créü esséy gran,
É lo véritablo Gronouillo
Néy pas quello dé dîs léytan.

(1) Assez enflée.
(2) Non certainement.
(3) Eh bien ! maintenant.
(4) Bah ! que vous en êtes loin encore.
(5) Elle faillit à...
(6) Mon Dieu !
(7) Une vessie.
(8) Elle éclata comme un marron dans le feu.

Lou Ra dé villo é lou Ra daü chans.

R A dé noblesso   A no partido
Un jour dé l'an[1]   Dé béü dînas
Faï politesso   Partido fino !
Au Ra péizan ;   É lo cousino
Au lou couvido   Dévio bién nas.

A quello superbo fêto
Lou frico né manquét pas.
Chacun dé ìs vio pèr chiêto[2]
Un béü fauteur[3] dé domas ;

Lou pâti,	Morinado
Lou rôti,	Bién sucrado,
Lou féïsan,	Massopéns,
L'ortolan,	Bounas déns,
Lou conar,	Ré né mancavo
Forço lar[4],	Assuromén,
Forço nou[5],	Lo fêto navo
Lou boun-bou,	Divinomén.

Coum-ìs soun én trin dé riré
Is van énténdré d'aü bru[6]
É moun noblé Ra dé diré :
— Saûvan-noû ! véyqui càticu !

Co vou déitalo !   Fuguèt lo nicho
Co vou dovalo !   Daû doû vouleurs.
Màs séi éichalo   Màs quan l'auragé
Dé quîs fauteurs !   Fuguèt possa,
Chacun déinicho   Quan tou topagé
É no cournicho   Oguèt céssa ,

---

(1) Le 1ᵉʳ janvier.   (4) Beaucoup de lard.
(2) Assiette.   (5) Beaucoup de noix.
(3) Fauteuil.   (6) Du bruit.

Moun Ra dé villo,   Anén ! dovolans,
Fiér coumo millo,   Fàu qué noû choban
Créid-au péïzan :   Nôtré féïzan.

 Gromarcéï, dit lou rustiqué,
Iàü nàï pûs ni fan ni sé [7],
Démo vou véndréz châz mé ;
Co néy pas qué ïàü mé piqué
Dé vou régolas to-bé ;
Mâs si ïàü sàï pûs à l'éitré [8],
Si vivé béûco pùs màü,
Dàumïn sàï tranquil-é méïtré
Dis lou foun dé moun pénaü [9].
  Quan lo coussïnço
  Eï dé possïnço
  Ré né fàï màü.

  Quéü rotou
  Vio rosou,
  Co dàû àûtréys [10]
  Éï pèr n'àûtréys
  No pouéizou [11].
  Quî màü-verso
  Trémbl-à-verso
  Dis so péü [12],
  É lo transo
  Éï dòvanço
  Soun bouréü.

(7) Ni faim, ni soif.
(8) A l'étroit
(9) Genêt.
(10) Le bien d'autrui.
(11) Un poison.
(12) Dans sa peau.

Lou Lou é l'Ognéü.

'OGNEU qu'éytouviavo[1] lo sé
Un jour vàu nas béuré no-vé[2]
Dîs lou courén d'u-n-aïgo puro;
Un Lou qué né vio pas dénguéro[3] déyjûna
Un pàü pû hàü séyro pouna[4]
Pèr atténdré càuc-avanturo.
— Dé càü dré piti-t-insolén
Vénéz-tu troublas moun brévagé?
Tan d'audac-à toun agé
Mérito chatimén.
— Mounseignour vou domand-éscuzo
Quéy vràï yàï tor d'ovéy gu sé[5]
Quan votro mojesta m'occuzo.
Màs l'aïgo[6] vét d'ello à mé
É quan no-vé lò préi so courso
Lo né mounto pû ver so sourço.
Vou-n-préjé fozéz attentïü
Qué ïàü sàï dîs lou bas dàu riü,
Qué vôtro grandour éy ploçado
Pûs hàut qué mé màï d'uno séytèirado
É qué pèr counséquén né podé, monseignour,
Gronouillas soun obeürodour.
— Taïzo-té! sobé cé qué dizé,
Màï ïaimé bién qu'un vourmou moralizé!
Iàü sabé qué dé mé tas dit dàu màü hantan.
— Mounseignour v'éynidéz pas tan;

---

(1) Qui crevàit de soif. (4) Posé.
(2) Boire un coup. (5) D'avoir eu soif.
(3) Encore. (6) L'eau.

Eh! nio pas doû méï qué ïaü tèté...
— Tu nâs ménti ïaü ïaü répèté :
Si co néy pas té, quéy toun fràï.
— Sàï fils-ùniqué dé mo màï.
— Quoüéï doun càücu dé to chéno dé raço,
Voû né chobas jomàï dé mé boillas lo chasso,
  Voû, vôtréîs bargéz, vôtréîs chéîs
  Né fas mas, mé servis déinéîs.
  Y màü an dit, ni-màï ïaü sabé
  Sé faï tén qué tout-o-co chabé.
Én méimo tén, moun Lou graffo l'Ognéü
Qué vio bé gréletta tou quéü tén dîs so péü
  Coumo lomando dîs so coco ;
  Au lou némpourté, lou vou croco
  Dîs lou béü foun d'uno fouréz,
  Séy dàutro fourmo dé proucéz.

  Quéü counté ney pas fa pèr riré ;
  Éycoutas bien cé qu'àu vàü dîré :
  Un rich-éy toujour lou pü fort ;
Un pàubré, countré sé, éy ségur d'ovéy tort.
  Vàurias béü crédas véngénço
  Qu'éy toujour éntàü pèr tou ;
  Lo fébless-é l'indigénço
  Fan pécha d'ovéy rosou.

Lo Mor é lou Pàubré.

QUAN restavo dîs Mounmoilléz [1]
Is màn counta qu'un journoilléz
Après quinzé jours dé jolado
Dîs l'ànnado dàu gran-t-hyver,
Séy véy gagna peïno journado,
Vio minja lou sé màï lou ver,
Jomàï séy vu tallo misèro
Ni fét, ni trobàï, ni argén,
Ni po pèr mettré sou lo dén ;
Pas no quîto poumo-dé-terro.
(Per dé détéy au nén vio pas
Dégu l'y vio vougu préitas).
Sé, so fénno, soû tréy méynajèix
Toû bravo-gens é toû bien sajèix
Qué dé tréy jours n'ovian minja
Sémblovan cin ra-t-éycourja.
Énté nas boillas dé lo têto
Lou paubr-homé n'àu sabjo pas.
Fogio bé fré qué lo témpêto
Énté pourtoro-t-éü soû pas ?
Quéy dîs loû bos dé lo Bâtido
Qué lou bésouén tou-dré lou guido
Pèr fas soun fàï dé brouchilloux [2]
Càücas roundeix [3], càüquéis billoux [4]
Dàu bouéï-mor quàu mossa-v-à terro.
Quéy vràï qué s'iàu guèz gu so chou [5],

---

(1) Faubourg de Limoges, lieu de la naissance du Traducteur.
(2) Petites broches de bois.
(3) Ronces.
(4) Bâtons.
(5) Hache.

Lou pàubr-hommé dìs so misèro
Guèz bé béléü [6] coupa càüqué borou [7]
Cé quéy no chàuso défendudo ;
Màs, pèr bounhur, so chou éyro vendudo.
Au fàï coum-au po soun méychan fàï dé bouéï
Qué l'iovio màï dé meyta souéï [8]
 Co l'y foro no pitito baudado [9]
 Pèr chàufas so pàubro méynado [10].
Au sén vàï tournas vèr meijou
Countén coumo sirio no gràül-én-d-uno nou [11].
 Lou véyqui doun qué s'achomino
 Én soun piti fàï sur léychino.
 A péno-o t'éü fa vïn pas
 Au sén qu'au né po pùs nas.
 So positiü éy cruello
 A tou momén au chancello ;
 Pèr né pas toumbas sous soun fàï,
 Au éy vira lou jitas làï.
Quéto-vé tou-dé-boun au pèr lo trémountado,
 Tout à lo vé dìs so pénsado
Au créü àuvis puras so fénno, soü pîtis
 — Is nan gro choba dé potîs!
Hélas! coumo van fas quellas pàubras boun-armas?
 Au né po pùs ténéy sas larmas.
 Màs sas larmas né toumbén pas,
 Las sé jalén countré soun nas.
Quéü pàubré molhuroü, à las fìs pèr possïnço,
 Au éyzomino so coussïnço,
 Fàï soun acté dé contritiü
 É sé récoumand-au boun-diü.

(6) Peut-être.
(7) Barre de bois.
(8) Sureau.
(9) Flamme claire et de peu de durée.
(10) Ses pauvres enfants.
(11) Noix.

— O mor! sé dissèt-éü, qué m'àublidas sur terro,
Vaqué! vaqué chauplas terminas mo misèro,
  Iàü tàurày tan d'àubligotiü!
  Sày bé déijà pûs mor qué viü.
Lo mor qué l'énténdét, vénguèt pèr coumplosénço
  Lo fuguèt qui tan-qué-tan.
  Hêbé, té qué crédas tan,
  Qué vou-tu dé mo présénço?
  Mâs notr-hommé fuguèt so
  Quan-t-àu véguèt lo margo;
É dissèt à quell-éydéntado;
— Escuzo, vày, t'ày mâ crédado
Pèr m'éydas charjas moun fogo.

Iàü créyrio bién quell-avanturo
Car lou chaffré [12] dé lo noturo
Châz loû grans, mày châz loû pitîs,
Éy : Putot potiz qué muriz.
Loû riché mày loû peillaÿré
Soun bé d'occor sur qu'éü pouén.
Qué lo mor néyfrèdo gàÿré
Quan-t-un lo véü mâ dé louén
Mâ quan dé préz lo nou guigno [13]
Lo pàu fày perdré lo lé
É tou lou moundé barjigno [14]
Quan fàu possas quéü goulé [15].

(12) Surnom.
(13) Fait signe de venir.
(14) Marchande.
(15) Ouverture dans une hale, par laquelle on ne peut passer qu'à quatre pattes.

L'Auveillo, lo Chabro é lo Jùnjo, dé méyta coumo lou Lioun.

L'AUVEILLO, no Bibi¹, no Jùnjo
(Déychio qui gnio gro dé méïsùnjo)
Toutas tréy coum-ùn Lioun (visas lo vonita!)
Sé néyren picas² dé méyta
Dé touto lour pàubro dénado³.
Is toquén dis las mas, no boillett-éy possado
Entré toù quatr-îs partiran⁴
Toujour é tou cé qu'îs auran.
Quoùéy fa, quoùéy di, un sé rétiro,
É chacun dé soun couta viro.
Lo Chabr-énginj-un⁵ troconar
Màï lo l'y rapo bién no bîcho, pèr hozar.
Plo counténto dé lo l'y véyré
Ello d'huchas⁶ soû parsouniéz⁷!
É lou Lioun, coum-ùn po plo créyré,
Né pugnèt⁸ gro à vénî lou darniéz.
Sangiù! sé dissèt-éù à touto l'ossémblado,
Vol-esséy votré méytodiéz
Sabé bién partiz lo dénado.
Lou véyqui d'éycébras⁹ én quatré grans partéux¹⁰
Las chars ni-màï loû os, deych-à las quîtas péux
To-plo coum-aurio fa pén boun pàï dé fomillo;
Péy so griff-àu déyrégrémillo¹¹
Péy counto sur soû andilloux¹².
Assa! sé dissèt-éù, n'iàuro pas dé joloux.

(1) Chèvre.
(2) Mettre.
(3) Tout leur avoir.
(4) Partageront.
(5) Invente.
(6) Haler.
(7) Co-partageants.
(8) Ne tarda pas.
(9) Déchirer.
(10) Quartiers.
(11) Déplie.
(12) Ongles, griffes.

(É moû tréy assouchâ dé rîré!)
Lou prémiéz tràü [13], lou dévé véy
Pèr-l'omour qué sàï vôtré réy.
Déycho qui n'iovio ré-t-à-diré :
    Tou seignour
    Tou-t-haunour !
Jomàï lo primàuta countr-un Lioun sé barjigno ;
  Éytopàü dégu sé réchigno [14].
  Dévé véy aussi lou ségoun
Pèr-cé-qué ïàü mé pellé Lioun.
Chacun léy-doun counéguèt plo so faüto ;
Màs pén n'àuzèt branlas ni péz ni pàuto.
Lou troisiêmé l'auràï, pèr-lo-sang! pèr-lo-mor!
Pèr-cé-qué ïàü sàï lou pùs for.
Quello rosou néy pas tan chauménido [15] !
  Lo sé prén toujour pèr countan.
  Dàu quatriêmé boussi restan
Si càücu soulomén vio no quitt-émbrussido [16]
  Ïàü léytrangliorio tan-qué-tan.

  Quéü count-éy plé dé moralo,
  Màs véyqui lo principalo :
  Quéü què sé frétt-à-d'un léyrou
  Né ramplîs jomàï soun gotou [17]
  Cambé dé méyjoux rouéynodas
  Pèr ovéy fa tou-poriéz !
  Chacun fazé soun méytiéz
  L'auchas [18] siran bién gardodas.

—o—◦—

(13) Gros morceau.
(14) Réfroigne.
(15) Moisie.
(16) Pincée.
(17) Poche.
(18) Les oies.

Lo Mountagno préyt-à-couchas.

Uno Mountagno dé Granmoun[1]
Oro[2], négro coum–un démoun,
Sé troubav-émborossado[3]
É méimo for avançado,
Pèr-qué l'éyro sur soun tén ;
Lo nén vio dé–tén–én–tén
Càuco pitito brundido[4]
É la poroffi-éypàurido[5]
Parlavo dé sé cochas
Pèr lo pas véyr-ocouchas.
Màs quan las grandas trénchodas[6]
Prénguéyrén à lo jozén[7],
Lo nén guèt dé l'éycicliodas[8]
Qu'éyfrédéyrén plo mo-gén.
Toû loù bouŕéz, toû loù patréyz
Sé méttén dé marmuzas.
S'ovizén-t-îs pas quîs diâtréyz
D'ovanço dé botizas
  Lou méynagé.
Co siro càuqué vilagé !
Co siro càuqué châtéu !
Co pourio b-esséy, béléu,
No vilo tout-émpénado[9] !...
A las fìs l'éy acouchado...
Qué l'yo lou boun-diü boilla ?
  Un piti ra...

(1) Gros bourg à douze ou quinze kilom. de Limoges.
(2) Laide.
(3) Enceinte.
(4) Cri, bruit.
(5) La paroisse effrayée.
(6) Grandes coliques.
(7) Femme en couches.
(8) Cris perçants.
(9) Tout entière, complète.

Véyqui lou portrét d'un émplanco [10],
Au sé tou fâs, ré né l'y manco ;
Qué fàï-t-éü si'au éy préy au mou ?
  Ré dàütou.
Qué-l-herculé n'éy mâ no raco,
Quéü Bucéphalo, no potraco ;
Quéü gran géan un jàü-bouta [11]
Quéü béü châtéü, no bicoco,
Quéü sobén n'éy mâ n'éntêta ;
È quéü libré nouvéü ! tan vanta dìs so coco !
 Quéy-o-co quan quéy éyzi [12] ?
 Quéy-o-co quan quéy légi ?
  Lo bézi [13].

(10) Un présomptueux. (12) Éclos.
(11) Un coq botté. (13) Un rien.

Lou Jàü qué trobo un Diéman.

Un viéy jàü
Dîs n'éyràü[1]
Tan grotèt
Quàü troubèt
Un diéman
Bién brillan.
Propromén.
Au lou prén
Én soun bèt ;
Loü pourtèt
Sur lou tar
Châz Blanchar[2]
Lou prémiéz
Bijoutiéz
Dàu cartiéz :

Quoüéy plo béü,
dissèt-éü ;
Quéü rubis
Éy dé pris ;
Mâs pèr mé
Co n'éy qué
Dàu bouri[3] ;
Lou véyqui,
Fozéz-nén
Forç-argén.
Moun parpàï[4]
Aimo màï
Véy doû-tréy
Grûs dé méï[5];

N'ignorén héyréditèt
D'un monuscrit qu'àu pourtèt
Châz lou béü prémiéz libràïré.
Crézé bien, dissèt-éü, qué dîs quéü monuscrit
L'y déü véy bién dé l'esprit ;
Mâs doû-tréy sàü-marka forian mièr moun ofaïré.
Quan d'éybêtis qué fan coumo lou Jàü,
É pèr gardas lou tiéz, jittén làï lou noujàü !

(1) Emplacement où l'on fait pourrir la feuille devant la porte des métayers.
(2) Orfèvre de Limoges.
(3) Balayures.
(4) Poitrail, estomac.
(5) Grains de mil.

Las Bêtias molàüdas dé lo Pesto.

Un jour lou boun-diü én coulêro
Boujèt[1] no molàüdio sur terro,
Pèr un-piti motas messiéux loü animàüx
Qué déypéy tan-dé-tén l'y fogian tan dé màü.
Lou boun-diü sobio bé qué jomàï lo fomino
N'àuz-éntras dîs lo cousino
Dàü réys màï dàü courtizans;
Lo n'éy mâ pèr loü péyzans.
Mâs lo molàüdi-éyfrountado
Qué léy-doun fuguèt boujado
Eysségo lo gén tout-à-tàï[2],
Lo bouéyfo bouri-t-é bolàï[3].
Quello molàüdi-impitoyablo
Ello touto soul-éy copablo
Dîs tréy jours d'ovéy bloda[4]
Tou lou chodan[5] dé *Louya*[6].
Molàüdio qué ré né chasso,
Molàüdio qu'én un mou râtell-énté lo passo,
Lo pesto (pèr-qué fàu lo pélas tou-dé-boun
    Pàr soun véritablé noum).
Lo pesto fuguèt doun no trançò génèralo
    Pèr touto lo raç-onimalo :
Loü fèblèyx màï loü fors, loü grans màï loü pitîs.
    Créjian toü sén onas muriz;
        Is bromovan[7],
        Sé tréynovan,

---

(1) Versa abondamment.
(2) Suit à taille-ouverte.
(3) Balaie sans rien laisser.
(4) Labouré.
(5) Grande pièce de terre où l'on ensemence le blé.
(6) Cimetière actuel de Limoges.
(7) Hurlaient.

Séy pénsas
A chossas.
Ordré dé fas péniténço ;
Dîs tou l'éyta l'io défenço
Dé prénèy
Pén plozèy,
Lo fidello
Tourtérello
Pûs né vio
D'oporio [8] ;
N'io pûs dé lou qué covalé [9]
Loû pâtréys màï loû moutous ;
N'io pûs dé rénar qu'avalé
Ni poulettas ni dindous.
Léy-doun lou lioun qué gouverno
Faï vénis dîs so coverno
Toû loû pitîs màï toû loû grans,
É lour dit : Moû pàubrêy-éfans !
Lou boun-diü noû tolofisso [10],
Jomàï l'àï vu tan fàcha.
Quîs lo méy tan én molisso ?
Co néy mâ nôtréys péchas.
Fosan l'y doun lou sacrificé
Dàu pû couqui d'éntré noû,
Qué quéüqui tou-sou périssé ;
So mor noû sàuvoro toû.
Iàï trouba dîs mo mémôrio
Qu'à Roum-îs sé fogian glôrio
Dé quéü pouén dé réligiü
Pèr opojas [11] lou boun-diü.

(8) Mâle ou femelle pour s'accoupler.
(9) Poursuivre au galop.
(10) Aiguillonne.
(11) Apaiser.

Vàu dizé coumo ïàü pénsé,
É pèr vàu prouvas ïàü couméncé
Lou béü prémiéz mo counfessiü,
Iàï plo, pèr-lou-ségur, offénsa quéü gran-diü!
Déy-péy qué ïàü sàï sur lo terro
Iàü nàï fa péyno justo guerro.
Quan dé moutous qué ïàï bouffa [12]!
Qué mé vian gro jomàï ré fa;
Iàü àï meimo, no-vé, possa pèr mo gourjéro [13]
No barjéro!...
Moun amita pèr voü é pèr vôtro santa
Mé racho lo francho varta.
Eyb-àuro si fàü qué périssé,
Qué l'ossémblado mé chàusissé;
Crézé, pertan, crézé dé bouno-fé
Qué chacun déü éyci s'occusas coumo mé
Séy co lou tribunàü né sirio pas copablé
Dé counéytré lou pûs coupablé.
Pénsa-v-éntàü? — Aplo, dit lou rénar,
(Qué vàu fas pér-tout soun bovar),
Aplo! màï podéz-vou ovéy gu lo pénsado
Qué vôtro mojesta péch-esséy coundamnado?
Màï, mo fé, quéy pl-un béü pécha!
Dàu cha
Quan v'àurias fa lo dégueillo [14]
Dé càuco méychant-àuveillo!
Dé càuquéys chéytis moutous!
S'î loü minjovan pas, à qué siriant-îs bous?
V'ovéz croca càuco pitito fillo!
Bouéï! co n'éy mâ no pécodillo;

---

(12) Gobé, avalé.
(13) Gosier.   (14) Bombance.

Né dirio-t-un pas, apréz tou,
   Qu'uno barjér-éy lou Péyrou?
D'oillour, l'éy dîs soun tor. Dévio-t-éyl à soun agé
   Emborossas vôtré possagé?
Mé, né vézé mâ qui un chatimén dàu céü ;
   Lo méritavo piéï béléü.
         Quello coñaillo,
         Quello rocaillo
         Éy ré-qué-vaillo
         Pèr fas ripaillo,
É vou lour véz fa; Mounseignour,
Én loû crocan, béü haunour.
Qu'éy pl-éntàü qué fàï soun prôné
Quéü qué pràïch-autour d'un trôné :
   Loû grans soun fa pèr vantas,
   Loû pitîs pèr cliopétas [15].
Aussi las bêtias cliopétêrén ;
Chacuno lour tour las vénguêrén
S'occusas bounomén dovan lou coumita
   Dé tou lou màü qué las vian fa.
   Loû jugéys subré chaco phrâso,
   Possovan coumo sur lo brâso ;
   É l'ours, lou tigré, màï lou lou,
Mougra toû loû grans tors, guêrén toujours rosou.
Loû péchâ dàu rénar n'éyran mâ no finesso,
   Quîs dàu singé dàü tours d'odresso,
   É lou juri, dîs toû soû jüjomén,
Nén aurio fa dé toû presqué dé pitîs sén.
      A las fîs l'âné sé présénto
      L'àüreill-én l'air, l'amo counténto,

(15) Applaudir en battant des mains. (16) Gratter.

Dé so vit-àu no jomàï gu
L'énvio dé fas màü à dégu.
Dé béü dé grovéchas [16], d'éypiàuzas [17] so coussïnço
Au sé tras-souvêt bién d'uno fàut-assez-mïnço.
    Iàü m'occusé, sé-dissèt-éü,
    Qu'én mo charjo sur moun ponéü,
    Possan pèr un pra dé béguinas [18],
Séntiguéz tout-d'un-co déymïnjas mas norinas ;
    Quéréyqué l'àudour mé flotèt,
    Quell-herbo fréicho mé téntèt,
    Béléü lo fan qué mé pressèt,
    Càüqué diâblé qué mé poussèt,
Qué sabé ïàü ! màs nén guéz n'éylampiado [19]
    Mïnjéi no pitito gourjado [20]
        Dé piss-én-liét ;
Coumo dégu lo mé boillèt,
Iàï régrét qué lo chio ràübado
É mén counfess-à l'ossémblado.
O lou couqui ! ô lou moràü !
Lou véyqui ! lou véyqui ! lou pécha fournicàü [21] !
Sé-crédèt càüqué lou qu'éyro dîs lo tribuno
(É quéü lou n'éyro pas d'uno raço coumuno ;
    Is dijian qu'àu vio éyta
    Un pàü cliar châz n'ovouca),
Véyqui plo d'oún vèt lo couléro
    Dàu céü countré lo terro.
Coumo fàu éytré scéléra !
Pèr ràübas l'herbo dîs un pra !
E chàuplas, lou pra dé las mêras [22] !
Co n'éy pas prou dé las goléras.

(17) Éplucher.
(18) Religieuses.
(19) Licence, liberté non permise.
(20) Bouchée.
(21) Le plus gros péchés.
(22) Religieuses.

Quéü léchodiéz[23] !... qual-éyfrounta !
Véz-v-àuvi coum-àu s'éy vanta
D'ovéy minja lou bé dàū àûtréys !
Péno dé mor ! qu'én pénsas vàûtréys ?
Tou lou clubé crédèt : bravo !
É sur l'âné : haro ! haro !
Lo counventiü décrett-én masso
      Qu'àu siro méï
      Hor-dé-lo-léï
E pourtoro lo poulinasso[24],
É quéü molhuroū pécàta
Poyèt bién sé tou soū l'éyco dàu coumita ;
  N'iovio dégu pèr lou déféndré,
  Sé fouguèt bé doun léyssas péndré.

Quéü co fa lou count-asséguro
Qué séy véy vu lo procéduro
Noū podén dovinas, màï bién éyzadomén,
    Coumo siro lou jujomén.
    Véyqui coumén :
  Si qu'éy un riché qu'éy coupablé,
Chias ségur qué soun câs n'éy jomàï coundamnablé
    Éntré richéys qu'éy énténdu ;
  Mâs pèr pàü qu'àu cho minablé[25],
  Pàubré, féblé, misérablé,
  Chias ségur qu'àu siro péndu.

---

(23) Friand.
(24) La peine de tous.
(25) Couvert de haillons.

Lou Chopitré téngu pèr loû Rats.

Un méytré chat, nouma *Rodillardus*,
Vio fa dàû Rats no tallo marmélado,
Qué dís toû loû groniéz s'én véjio presqué pús,
Tan lou drôlé nén vio méï én copiloutado !
Rodillard, siclia[1] sur soun cû,
Restavo càucas vé[2] tout un jour à l'offû
Eytopàü Rodillard gobavo
Tan loû Rats dé groniéz, coumo loû Rats dé cavo
(Quìs darniéz, dé ségur, n'éyran gro régrettas) ;
Lou pàü[5] qué nén éyran restas
N'àuzavo pûs sortîs pèr nas cherchas so vito,
 É dîs chàqué cros, chàqué Ra
  Qu'éyro bora[4]
  Éyro vira[5]
Jûnâs piéï qu'un harmito ;
Pén né vio pûs méytiéz dé vorouillas[6] soun lard,
 É quéü cartoucho Rodillard
Possavo dîs l'esprit dàu peuplé misérablé
 Noùn pèr un chat, mâs pèr un diâblé.
 Un béü jour qué nôtré margàü[7]
 Sén mountèt dîs lou golâtàü
 Pèr arrêtas soun moridagé
 É pèr éypouzas fràü-ké-bràü[8]
 Lo prémiêro dàu vésinagé
 Qué sé trouboro dîs loustàü.

(1) Assis.
(2) Quelquefois.
(3) Le peu.
(4) Renfermé.
(5) Obligé.
(6) Fermer à verrou.
(7) Matou, chat mâle.
(8) Au hasard, à l'aveugle.

Péndén qué, seloun lour usagé,
Loù nôvîs fogian lour topagé,
Toù loù Rats qué loù séntén louén
Ténén chopitré dîs un couén,
É délibérén sur quéü pouén ;
Pèr s'éyzantas dé lo gobello,
Bâtirant-îs no citodello ?
Quéü mouyén n'éy pas tan ségur,
Rodillard grimporio dessur,
N'iran-t-îs otocas én masso
Lou rédoutablé cha-dé-chasso ?
Lou cas sirio tro périlloux.
Fàu troubas càüqué biàï⁹ pûs doux.
Léy-doun lou douyén dé lo béndo,
Qué sé counéych-én¹⁰ countrébéndo,
   Dissèt : Sabé n'énchéyzou¹¹
   Pèr lou méttr-à lo rosou.
Vàûtréys n'io mâ véy n'éychïnlo¹²,
Dàu fiü¹³, no guill-aubé n'éypïnlo¹⁴
Quan dîs soun couén dé fét lou motou rouffloro,
Én soun càü¹⁵ bravomén càücu l'éytochoro
   Quan n'àuvirén¹⁶ quello sounétto,
   Léy-doun¹⁷ séy tambour, séy troumpétto,
   Chacun préndro soun éycampi¹⁸ ;
É méytré Rodillard sirio cén vé pûs fi,
   Noû siran doû tréy péz¹⁹ sou terro
   Quan quéü Malbrou niro-t-én guerro.
Iàü né counéyssé pas dàutré meillour mouyén.
Chàcun éy dé l'ovis dé moussu lou douyén ;

(9) Biais.
(10) Se connaissait.
(11) Un prétexte, un motif.
(12) Une sonnette.
(13) Du fil.
(14) Une épingle.
(15) A son col.
(16) Nous entendrons.
(17) Alors.
(18) Prendra le large d'avance.
(19) Deux ou trois pieds.

Mouyénan quéü tour d'odresso
Is soun dàümin [20] ségur dé counservâ l'espesso,
Auro [21] né s'ogîs mâ d'éytochâs lou grélo,
  Qu'ì siro co?
Noun pas mé, dissèt l'un ; ni mé sé dissèt l'àutré.
Vou? moussu lou douyén?... quéy vou séy-qué-dé-làï...
 Mé?... l'azé-fiché si quéy vràï ;
 É pèr-qué mé pùtô qu'un àutré?
  Sén troubèt pén dé prou so
  Pèr nâs couséy [22] lou grélo ;
. Iàü guêz bé [23] dovina d'ovanço.
Loû Rats, séy véy ré fa, lévêrén lo séanço.

 Éntàü [24] sé téignan àutré-téns
 L'ossémblodas dé péniténs ;
Éntàü loû chopitréys dàû mouéynéîs,
Éntàü au séy-d'ané [25] chabén quîs dàû chonouéynéîs :
 Quan né fàu mâ délibéras,
 Loû counselléz plévén à verso ;
 Mâs s'ogîs-co d'éyzécutas,
 Dégu n'àïmo lo countroverso ;
 Is trobén toû no porto dé doréy
 Pèr tiras lou cù ón-or-éy.

(20) Au moins.
(21) Maintenant.
(22) Coudre.
(23) Je l'aurais bien.
(24) De même, c'est ainsi que.
(25) Aujourd'hui finissent ceux.

Lou Rouvéï é l'Assoléï.

Un jour, un gran-é-gro Rouvéï
Dîgi-à-un piti-t-Assoléï¹ :
L'omi, tâs bién sujét d'ocuzas lo noturo ;
Car, éntré noû, forio bién lo gojuro
 Qué lou pûs piti réy-béïnéï²
Sirio pèr té d'un tro gran péï³ ;
Lou mîndré piti vén qué buffo⁴
Té fàï béïssas to pàubro tuffo.
 Pèr mé, sàï ségur coum-un poun⁵ ;
Mougra l'àuto⁶, mougra lo bizo,
Mougra lou pluyàü, mougra l'armorijo⁷,
 Counservé toujour monu oploun,
É lo pû toriblo témpêto
Mé forio pas courbas lo têto,
Quan *Mascoret*⁸ n'àurio jura ;
 Moun froun, coumo lou moun-Jura,
Catto⁹ lou souléï sur lo terro.
Né dirio pas tan ré dénguêro
  Si lou boun-diü
Té fogio pas vénîs toujour au bor d'un riü¹⁰ ;
Dàumïn chiàu té vio gu méï dîs moun vésinagé,
 Té cubrîrio dé moun oumbragé,
 Té virorio lou màuva-tén ;
É lo fraîchour dé moun féillagé
 Té randrio pûs gaï, pûs counten...

---

(1) Le jeune saule, mis à la place du roseau, parce que l'effet produit devient le même.
(2) Roitelet.
(3) D'un trop grand poids.
(4) Souffle.
(5) Un pont.
(6) Le vent du Midi.
(7) Sud-Ouest.
(8) Vent redoutable sur la Garonne.
(9) Cache.
(10) Ruisseau.

— Bouéï ! n'oyéz pas tan d'inquiétudo
　　　Ni tan d'éynéï,
　　　Dit l'Assoléï,
　Si lo témpêto lo pûs rudo
　　Déycho-qui[11] vo pas déyplanta
　　Béléü[12] vou vou séz tro vanta.
　　Moun omi ! quant un éy sagé,
　　　Fàu, pèr sé moucas daû chéï,
　　　Ovéy possa lou vilagé.
Oténdan à démo !... maï béléü quété séï[13]...
　　Pèr nàûtréïs, pàubréïs Assoléïs,
Né risquén pas tan qué voû d'un auragé ;
　Noû soun l'éyzamplé d'un sagé
Qué sét pléjâs quan fàu[14] é qué né roum jomàï.
　　Au n'aurio béléü bé dit màï[15] ;
Mâs tou-d'un-co nén vénguèt no buffado
　　Si torriblo ! si b'opouyado !
　　Qu'àuriâ dit qué tou l'univér
　　N'avo virâ las chamba-n-lér ;
　　É quel-àûbré doun lo rocino
　　　Dé l'ánfér éyro vézino
　　Quel-àûbré quén soun chopéü
　　Vio tan ménoça lou céü ;
　　Quel-àûbré tan fier, tan béü
　　　Foguèt lo corno-budéü[16].
　L'Assoléï pléjèt jusqu-o-terro,
　É l'Assoléï duro béléü dénguéro.

—⦿❄⦿—

(11) Jusqu'à ce jour.
(12) Peut-être.
(13) Ce soir même.
(14) Quand il faut.
(15) Davantage.
(16) La corne-fiche.

Jomàï né méyprésan dégu ;
Un homé nén vàu toujour n'àûtré.
Quéü qué sé ri dàu màü d'un àûtré
Nén àuro, chiàu nén o pas gu.
Lo grandour màï lo fourtuno
Soun no méychanto cossiü,
Loû gros màï loû pitîs, lou souléï màï lo luno
Soun toû l'oubragé dàu boun-diü
Qué boujo [17], quan l'y plàs, loû pûs fier dîs lou riü.

(17) Verse à grands flots.

Lou Rénar é lou Jàü[1]

Ün Jàü jucha sé câravo
A lo cîmo d'un rouvéï[2];
Un Rénar qué l'amiolavo[3]
Lou créjio déijà ténéï.
— Moun boun-omi! moun comorado!
Entré noû lo guerr-éy chobado,
É qu'éy mé qué saï charja
Dé véniz publiâ lo pa
      Dîs tou l'éyta.
— Quel-ogréablo nouvello
Mé réjàûvî lou parpàï[4]!
— Dòvalo, té boilloràï
L'acolado fraternello.
— Lo pa! réypound lou Jàü... tan-mièr!
Is màu vian plo dit déypéï hièr,
Màs saï bién aïzéy dé té véyré;
É cé qué màu forio mièr créyré
Vézé véniz doû lébriéz
Qu'an bién lér dé doû couriéz
Qué mén portén lo nouvello.
Ah! coum-îs soun d'éygolitas[5]!
Is van coumo doû déyrotas;
Véy loû làï dîs quello vénéllo[6]:
Is virén bién éyssi tou dré,
Fàu plo qué nén chio càücoré.
Coum-îs courén! taro-taro!
Is siran qui si tô qué dé véy dit garo !

(1) Le coq.
(2) Chêne.
(3) Flagornait.
(4) L'estomac.
(5) Lestes, dégagés.
(6) Petit chemin dans la campagne.

Is poréyssén bién omitous[7];
Vàu dovolas, noû noû bicoran[8] toû.
Quan un Rénar éntén parlas dé chéìs-dé-chasso
Au ò bé tô bouéyfa[9] lo plasso.
É moun Bertran dé déviardas[10]!
Nôtré Jàü vio béü l'y crédas :
Énté vas-tu? — Iàü vàu tournas.
— Éycouto doun! — Iàï dàü offas.
— Vàqué quéïré l'ocolado.
— Mo coumissiü éy préyssado.
(Màï né méycréyrio pas qu'àu éyr-én-pàü préyssa
Dé troubas càüqué cros pèr l'y publià so pa).
É moun Jàü plo counténéypoufidèt[11] dé rîré.
Au l'y diguèt pas ré pûs diré ;
Màs pèr chobas dé sén moukas
Au vou lou régolèt d'un béü *ka-ka-las-kas*.

Finôtìs! véyqui pèr vàûtréys,
Mettéz quéü tour dîs vôtré sa ;
Tàü qué créü finas loû àûtréys
Sé véü lou prémiéz fina.
Qu'éy bién fa!

(7) Amicale.
(8) Embrasserons.
(9) Balayé.
(10) Décamper.
(11) Éclata.

Lou Lou é lou Ché dé basso-cour.

Un Lou magré coum-un pi,
Qué chossavo dîs n'éytouillo[1],
Màï qué vio boun opéti,
L'y vàï véyr–un gros mâti
Qu'éyro bién cé qué l'y fouillo
Pèr fas doû-tréy boun répas,
Mâs lou Lou s'y fiavo pas.
Sultan éyro plo bién gras !
Mâs Sultan éyro dé taillo
A bién déféndré soun lar.
Hardi, fiér coum-un cézar,
Au vio méim–éyta soudar
É vû màï d'uno botaillo
Countré lou, countré rénar ;
En fét dé quello conaillo,
Au né vio hounto ni pàu[2]
Dé loû ropas[3] pèr lou càu.
Un Lou ò bé dàu couragé ;
Mâs àu éy prudén é sagé
Hàûnêté méimo quan fàu.
Quéü-qui à nôtré Ché foguèt doun politesso ;
Au vanto for so bell-espesso,
É surtou soun émbounpouén
Qu'àu visavo toujour, mâs pèr-tan d'asséz louén.
Si voû fogiâ coumo nàûtréys,
Sé l'y dissèt tan lou Ché,
Voû siriàs toû gras coumo mé ;
Lo fan-galo[4] n'éy pas châz noû coumo châz vàûtréys,

(1) Un champ où l'on a moissonné.   (3) Attraper.
(2) Peur.   (4) Faim dévorante.

Qué càücas-vé né fas pas
Pèr sénmano doû répas,
Màï qué mïnjas souvén dé lo viando purido.
Un Ché dé basso-cour n'o jómàï lo pépido [5]
 Au éy ségur dé fas toujour
 Soû tréy-quatré répas pèr jour.
 Pèr mé, tou lou moundé mé baillo
 Os dé gibiéz, òs dé voulaillo,
 Os dé védéü, òs 'dé moutou ;
 Trapé toujour càüqué croûtou ;
 Lèché loû plas, lèché las chiétas ;
 É loû jour-bran [6] coumo las fêtas
 Mïnjé toujour, séï é moti.
 (Bién souvén séy véy d'opéti),
 Moun éïcunlado dé bréjàüdo [7]
 Bién ossimado, bién fricàüdo [8],
 Toillado dé boun potoutàü [9],
 Màï càücas-vé lou sobouràü [10].
 — Quàü trobàï fas-tu dîs loustàü [11]
Pèr gagnas no si bouno vito ?
  Sé dissèt tan lou Lou.
 — Quàü trobàï ?... — Presqué ré dàutou.
Iàü chassé (quan l'y sàï) loû chats dé lo cousino ;
 Aû mandians fàu méychanto mino,
 Gardé lo méïjou, lou varjéz [12] ;
Loû vouleurs an màï pàü dé mé qué d'un archéz [13],
 Quan un mé piàülo [14] sàï à-lerto.
 Lo port-o-béü restas d'éyberto,

---

(5) La pépie.
(6) Jours ouvrables.
(7) Soupe faite avec du lard et du chou vert.
(8) Qui a bonne façon.
(9) Pain de seigle appelé pain-d'hôtel.
(10) Le morceau de lard dont on a fait la soupe.
(11) La maison.
(12) Le jardin.
(13) Cavalier de maréchaussée.
(14) Siffle.

Jomaï né laïss–éntras dégu
Séy qu'àu chio bién counogu.
— Co n'éy mâ co? sé dissèt mïnj-àüvéillo [15],
Mé foudrio pas bién for tiras l'àuréillo
Pèr mé fas prénéy quél-éyta.
— Vou–tu véniz?... Anén? — Véyqui qu'éy fa.
Is prénén bién toû doû lou chomi dàu vilagé,
É pèr éygoyas lou vouyagé
Méytré rojo–croûtoûs
Diji–à croco–moutous :
L'omi! tu vas quîtas no vito
Qué n'éyro, dé ségur, ni dé sén ni d'harmito ;
Lou mïn qué pouguéz t'oribas
Qu'éyro dé té véyr-éyréntas
Tout–én–vito.
Tu dévias véy à tou-momén
Toû féjéîs dîs l'ôli buillén.
Pèr-tou té boillovan lo chasso ;
Tu n'ovias pas no quîto plasso
Un quîté bôs
Un quîté cros
Pèr diré : saï ségur d'êtr-én vito tantôt.
Loû chéis t'àurian gu tar-àu-tôt.
Auro quouéy différén, t'én baillé mo proumesso,
Tu né riscoras mâ dé muriz dé vieillesso.
Lou lou qué déycho–qui l'ovio bién éycouta
Vàï véyr-én sé viran lou càu dàu ché péla.
— Qu'às-tu qui?—Noun pas ré.—Dé qué ré?—Pas gran-chàüso
Nén poudrio ïàü sobéy lo càuso?
— Bouéy... qu'éy quéréïqué moun couilléz...
Iêro, vézéy-tu-bién, tro méychan d'én prémiéz [16]

(15) Mange-brebis.   (16) Dans le commencement.

Is m'avézêrén [17] à l'éytacho ;
Mâs toû loù séïs lou vâlé mé déytacho ;
Iàü vàu énté mé plâs lo néit, fàu forço bru ;
É péndén tou lou jour ïàü dérmé dîs moun gru [18].
— Tu dérméï, moun-omi ?... dér, dér, gran-bé té fazo!
  Un lou méïtré dîs soun marcha
  D'esséy tou lou jour éytocha ?
 Noun pas, noun pas, né t'én déyplazo,
 Né sàï pas d'énguêras prou fàü
Pèr vouléy mé câras d'un couilléz én moun càü.
  Gardo to soupo dé brèjàüdo
 Quan lo sirio d'énguêro pûs fricàüdo ;
  Fuguéï-lo dé toupi-mounta,
  Lo né vàu pas mo liberta.
É moun Lou dé fujiz pèr loù pras, pèr las terras !
  Màï crézé bién qu'àu cour d'énguêras.

Ass-àuro parlan nén. Quéü lou vio ïàü tan tor
  Dé tan fujiz dé l'esclavagé ?...
  No chodéno [19] fusso lo d'or
  N'éy mâs-kan toujour n'òré gagé [20].
  Iaï àuvi dir-à un viéy sagé
  Qué lou mièr nûri dé l'éyta
  Ey quéü qué mïnj-én liberta.

(17) On m'accoutuma. (19) Chaîne.
(18) Chenil.   (20) Un vilain meuble.

Lou Chambolou[1] é loû doû Bissâ.

Un jour qu'àu éyro dîs sâs bounas[2],
So Mojesta Jupitèr
Foguèt brundis[3] soun tounèr
Pèr hùchas[4] loù béitiàùs, màï lâs quitas persounas.
Vàùtréis, sé dissè-t-éù, parlas mé franchomén,
Si l'io càùcu dé voù qué né chio pas countén
Dé so taillo, dé so figuro ;
Chiàu troubavo qué lo noturo
L'oguésso fa tro gran, àubé tou tro piti
Mâs surtou tro éybêti,
Qu'àu présénté so réquêto ,
Qu'àu fazé so pétitiü ;
Lou vàu réfoundré tou viü
Dàù péz déychant-à lo têto ;
É dàù mounl-àu sortiro
Tan fi, tan brâvé qu'àu voudro.
Té *Singé!* t'as lo poràülo,
Préymo-t-én pàü dé lo tàülo[5] ,
Sàï-qué-dé-làï[6] ïàï mâs rosoù
Pèr t'àuvîs joquétas[7] lou béù prémiéz dé toù.
Tu pourtas toun cœur sur to pàùto,
Véjan ! counéysséy-tu dîs toun cor càùco fàùto?
Anén ! dé qué té plagnéï-tu?
— Mé ?... ïàù n'énvié ré dé dégu,

---

(1) Morceau de bois coché par les deux bouts pour y placer deux fardeaux qu'on porte en équilibre sur une épaule.
(2) De bonne humeur.
(3) Faire du bruit en roulant.
(4) Appeler.
(5) Approche-toi un peu de la table.
(6) Aussi bien.
(7) Babiller, gazouiller.

Foudrio bé véy énvio dé cherchas no boreillo [8]
    Pèr dîré : né sàï pas countén ;
Iàï diàu-marcé boû péz, bounas déns, boun-àureillo.
Mâs pèr moun gros fràï l'ours, qu'éy un pàü diférén ;
Quéü-qui né sémblo mâ no véritablo môno [9] ;
    Tou soun cor domando l'àumôno ;
É l'y counseillé pas, dàumïn pèr soun plozéï,
    Dé sé vizas dîs lou miréï [10] ;
    Qu'éy un vràï moustré dé noturo
    Quîs foguêrén à co dé chou [11] ;
    É l'i-àï pas crégu fâs d'injuro
Quan, màï dé catré-vé, l'àï préy pèr un manjou [12].
Quan lou sïng-o choba [13] véy-qui l'ours qué s'oproucho :
    Én l'y vézén déybrîs [14] lo boucho
Un s'oténdi-à l'àuvîs réprouchas àu boun-diü
    Dé l'ovéy fa pèr dérosiü.
Dàu diâblé si quouéy vraï ! àu sé tròbo bién jénté [15] ;
Mâs l'éyléfan, di-t-éü, l'y poréy màü bâti,
D'àureill-àu éy tro gran é dé couò tro piti.
L'éyléfan trob-àussi lo boléyno tro grosso.
Quello-qui dàu choméü vét couyounas [16] lo bosso.
Toû foguêrén éntàü [17], é lo quîto fermi
    Trobo lou biàüjou [18] tro piti.
Mâs lou pûs fàu dé toû, lou pûs déyrosounablé,
Lou pûs molïn, lou mïn trotablé,
    Quîs créyrias-voû qué co fuguèt?
    Quéy l'homé, véz ; quan-t-àu vénguèt
Au né toriguèt pûs sur loû défàüts dàü àûtréîs.
    N'àu podén bé dir-éntré n'àûtréîs,

(8) Chicane.
(9) Une vilaine bête.
(10) Miroir.
(11) A coups de hâche.
(12) Un manchon.
(13) Achevé, fini de parler.
(14) Ouvrir.
(15) Gentil.
(16) Se moquer.
(17) De même.
(18) Petit moucheron pas plus gros qu'une puce.

N'ioguèt pas d'eïmé, dé béüta
Qué n'oguéz lou ti àu lou ta.
Pèr sé, co faï no diférénço ;
Déypéï énté lou jour couménço
Déych-énté couéijo [19] lou souléï,
Dégu n'éy fa pèr lou voléï ;
N'io pén, à soun éyvis, qué n'ayo càüco târo...
 Léy-doun Jupitèr prén no bâro
  É coumo dàü pétoù
  Loù chasso toù,
É loù léyssèt tàü coum-îs éyran :
Màï tàü quîs soun fàudro quîs méyran ;
Sobéz-vou pèr calo rosou ?
Quéy-qué noù portén toù chacun un chambolou
 Én-d-un bissa pèr chaqué bou ;
 Quîs bissâ soun pléîs dé sotîzas,
Gnién-o dé verdas, gnio dé grîzas...
Quellas dàü àütréîs soun dovan
É noù las vézén tan-qué-tan [20] ;
Las nôtras soun doréy l'éypanlo [21],
É quéü bissa jomàï né branlo,
Noù né vizén jomàï dédïn.
 Nôtr-éy molïn
 N'éy pas pèr n'àütréîs,
Au né sèr màs-kan pèr loù àütréîs.

Quan càüqué moucandiéz [22] créyro d'ovéy rosou
 Qu'àu déyvîré [23] soun chambolou

(19) Se couche.
(20) D'abord.
(21) L'épaule.
(22) Railleur.
(23) Détourne.

Las Béillas é loû Burgàûs [1].

Is dizèn qué quouéy à l'obro [2]
Qué sé counéy lo monobro [3] :
Noû van véyré si quouéy vràï.
Hantan [4] vér lou méï dé màï,
Daû burgàûs é càûcas béillâs
Cherchèrén dé las boréillâs [5].
Sé troubèt càûqué bourna [6]
Abandouna ;
Loû burgàûs lou récliomèrén,
Las béillâs sî opôsèrén.
D'obor co sé disputèt,
A–las-fîs co s'insultèt.
Jomàï pûs poriéy topagé ;
Déijà dé toû loû croupignoû [7].
Éyran solîs daû milliéz d'oguilloû
Qu'anounçoyan lou carnajé.
Pertan un parvénguèt à loû réprozimas [8],
Loû véyqui d'ocor dé pléydias.
Loû doû partis chàusiguèyrén lo bêko [9]
Quèro no bouno morio–mêko [10]
Pèr jujas én prémiez ni–màï én darniéz réssor,
Quîs daû doû ovio dré àu tor.
Quello bêko (dit-un) ovio dé lo coussïnço ;
Pèr s'éyclyéras l'oguèt bién lo possïnço
D'àuvîs, màï lo nén vio bésouén,
No fermijèro [11] dé témouéns.

(1) Frelons.
(2) A l'œuvre.
(3) Manouvrier.
(4) L'année dernière.
(5) Chicanes.
(6) Ruche à miel.
(7) Croupions.
(8) Radoucir un peu.
(9) La guêpe.
(10) Cette expression désigne une personne sans malice.
(11) Une fourmillière.

Quîs témouéns vian b'àuvi càücoré qué voulavo
É quén voulan bounbounavo
Toû loû ans, péndén tou l'étiü,
Autour dàu bourna én questiü.
Éyro co dàû burgàüs? éyro co dé las béillâs?
Co sé counéy pas pèr l'àuréillâs.
Las béillâs ni-màï loû burgàüs
Voulén é bounbounén éntàü.
Quello résséménlénço déyrouto,
Lo béko chuav-à grosso gouto,
Lo n'àuzèt pas, péndén màï de chiéz méï,
Nâ én ovan ni én oréï.
Dé béü d'ovéy préï dé péno
Lo vio perdu lo séncéno [12]
Dîs toû quîs mâchiéz-mânéïs [13].
Bouéy, pas tan dé rosous, dissèt no viéillo béillo,
Dirias quîs fan lo déguéillo [14]
Dé nôtréîs cors ni-màï dé nôtréîs béîs ;
N'éy gro méytiéz dé fas tan dé topagé,
Lou miàü sé gât-én atténdi,
Au siro tout-éytodi [15].
Qué châcun, séy tan dé verbiajé,
Sé métté d'obor à l'oubragé,
Noû véyran si quouéy loû burgàüs
Qué fan lo bràïcho [16] màï lou miàü [17].
No poràülo si bé jitado
Eyboïgnèt l'ossémblado.
É lou burgàü qué réfuzèt
Sé trohiguèt,
S'én fujiguèt,
È lo béillo gâignèt.

(12) Le bout d'un écheveau de fil.   (15) Candy, gâté.
(13) Oui et non.   (16) La cire.
(14) Faire aller à mal.   (17) Le miel.

Pléytodiü qué nôtro justisso
Vouguesso viràs dé quéü biàï[18] !
L'àurio bé tôt dé soun polàï,
Bouéifa[19] lo rus-é lo molisso.
Loû Turcs qué né soun pas chrétién
Jujéns éntàu, màï jujéns bién :
Lou gros boun-san é lo noturo
Fan touto lour proucéduro.
Pèr n'aûtréîs fàu dàû saroméns,
Dàu popier marka, dàû témouéns,
Dàû hûchéz[20], dàû éyplèîs[21], dàû transpors, dé l'énquêtâs,
Dàû défénsoûrs, dé las réquêtâs.
Châqué parti vàu véy rosou ;
L'un juro *abè*, l'àutré *nou*.
Loû proucéz soun tan louns coumo cordas dé pou,
Noû né pléydiorian mâ pèr uno quîto nou[22],
Noû fàu dàû ovoucas qué jeuguén à lâs bâras,
Loû frais m'ïnjén lâs catré jâras[23],
É loû doû tiéz[24] bién éycuras[25]
Domourén pèr quîs qu'an jura.

(18) Prendre cette tournure.
(19) Balayé.
(20) Des huissiers.
(21) Des exploits.
(22) Une seule noix.
(23) Les quatre quartiers.
(24) Les coques.
(25) Bien nettoyés.

L'Auzéllo é loû pitîs Aûzéû.

'AUZELLO vió, dîs soû vouyagéïs,
Opréï forço sécréts, ni-màï càùcas mertiü [1]
Quello bétïo d'esprï vio fa tan d'otténtiü
A toutas l'obras [2] dàu boun-diü,
Qué l'anounçavo loû àûragéïx
Ovan quîs fuguéssan véngu.
Parlas-mé dé véy bién courgu !
Pèr nén sobéï màï qué dégu [3] !
Guêssâ di [4] qué l'éyro surchièro [5] ;
Dîs l'étiü màï dîs lou prîntén
L'overtichio toujour ò tén
Lou motélo ni-màï lo bujandièro [6].
Quan l'y dévio véy dàu tounèr
Lo counéychio tou co dîs l'èr.
Un jour qué dîs no chénébièro,
Lo véguèt càùqué jantou
Qué sannavo soun chénobou [7].
V'àutréïs, v'àutréïs ! sé dissèt-ello,
A toû loû pitîs àùzillous [8],
Co néy pas qui no bogotello ;
Méyfias-voû dé quîs gruzillous [9].
Vézéz-voû quéü péyzan qu'à châqué pas sé nîno [10] ;
Vézéz v'àûtréïs so mo qué dîs l'èr sé dandîno [11] ;

(1) Des remèdes.
(2) Les œuvres.
(3) Personne, qui que ce soit.
(4) Vous eussiez dit.
(5) Sorcière.
(6) La blanchisseuse.
(7) Semait son chènevis.
(8) Diminutif d'oiseaux.
(9) Petits grains.
(10) Se balance.
(11) Va et vient comme un pendule.

Dirias qu'àu chasso loû mouchous [12] :
Eh bé quouéy voû qué co régardo,
V'overtissé, prénéz l'y gardo,
Quouéy vôtras mors àubé vôtras préïjous [13] ;
Cé qu'àu éypan [14] éy piéï qué lo véychado.
Quan lo cherbé siro fiolado,
Lou moundé siran dé-lézéï,
Loû pitîs màï loû grans foran dàû éybotouéìs [15],
É dîs l'éytouillas [16], dîs loû bouéîs,
Voû roporans à bàubélado [17]
Loû pàï, lâs màï é loû pitîs.
Moun dévéï éy dé v'overtîs,
Crézéz-mé, d'éypéï néï [18] bouéyfâs [19] bién quello plaço,
Nâ picoussâ [20] un à un tou quéü gru.
Si v'oténdéz quàu chio véngu,
Gâro loû sédous, lo vouillêro
É lo jaloy-é [21] lo tourtiêro.
Pèr mé qué troversé lo mèr
Sàuraï bé mé tiras dàu pèr.
Loû aûzéû lo léyssêrén dîré,
Is sé méttêrén toû dé rîré.
Is trobén à mïnjas pèr tou
É méyprézén lou chénobou.
Lo chêrbé [22] surtiguèt pinado [23] coumo téigno.
N'otténdéz doun pas qué lo véigno
Pus hàuto qué lo n'éy, sé dissèt dé nouvéü
Nôtr-àuzell-àû pitîs aûzéû.
V'àûtréîs ! quouéy prou d'oboùr énguêro ;
Avan qué lo crubé lo terro

(12) Moucherons.
(13) Prisons.
(14) Répand, étend.
(15) Divertissements, joujous.
(16) Champ où l'on a récolté du blé.
(17) En foule.
(18) Depuis aujourd'hui.
(19) Balayez.
(20) Becqueter.
(21) La cage.
(22) Le chanvre.
(23) Epaisse.

Nâ l'éysségas[24] ; trozéz[25] lo piàü–pèr–piàü,
Si quouéy dé 'nou, mo–fé l'iàuro dàu màü.
— Bouéy, qué noû vàu quello brodasso[26] ?
    Quello viéillo tràïno-molhur
    Éy pûs bovardo[27] qu'uno jasso[28].
    Màï noû niran plo, dé–ségur,
    Esserbas[29] no si grando lézo !
    Vïn jardiniéz né forian pas
    Cé qué lo noû vàu qui fas-fas,
Qué cherch-oillour càüqué fat qué lo crézo.
  Éntré–tan-di lo chêrbé grandiguèt.
Pèr lo darnièro vé l'àuzello lour vénguèt :
    Lo méychant-herbo frôjo[30] vîté,
    Vàû répétt-ovan qué voû quîté,
    V'ovéz méyprésa mous cousséïs ;
    Bién–tôt voû v'én mordréz loû déïs.
    Vou resto mâs–kan no réssourço,
Quan lou péyzan àuro méï soun bla dìs so bourço
    Né sortéz pûs de vôtréïs nîs,
    Aubé toû fujéz lou poïs ;
    Vizas loû conar, las béchodas[31],
    Is déviardén[32] toutas l'annodas.
    Mâs voû né podéz pas fan-t-àü,
V'àûtréïs né voulas pas ni tan louén ni tan hàü,
    Voû fàu doun résoudré pèr forço
    A voû cotas sou càüq–éycorço,
    É défèndr–à vôtréïs pitîs
        Dé sortiz.
    Loû àuzéü gâtéïs[33] de l'énténdré,
    L'y foguêrén un tour à péndré ;

(24) Menez à taille-ouverte.
(25) Arrachez-la brin par brin.
(26) Barbouilleuse.
(27) Babillarde.
(28) Une pie.
(29) Sarcler, arracher l'herbe.
(30) Croît, profite.
(31) Les bécasses.
(32) Ils décampent.
(33) Las, fatigués.

Is piàülêrén[34] toû-à-lové.
Co sémblavo coum–àûtras–vé
Loû Trouyên (chàï bouno mémôrio)
Quan Cossandro, séloun l'histôrio,
Lour prédiguèt quîs àurian toû lou fouéï[35]
Pèr las mâs[36] d'un chovàü-dé-bouéï[37],
Éytopàü[38] loû àûzéû nén poyêrén plo lôyo,
Forço dé îs piàüïêrén én lolôyo,
Loû pûs gras fuguêrén rôti
É loû àûtréîs méï én pâti.
Pas–vràï qu'àuro noû van toû dîré
Qué quîs pitîs àûzéû foguêrén màü dé rîré
Quan l'àuzello, péndén tréy vé,
Lour parlavo mâ pèr lour bé?

Eh bé, pèr-tan, quéü counté noû régardo :
Si càüqué boun omi noû di dé prénéy gardo,
Qué si noû fan éntàü–éntàü[39]
Noû nén véndro lo mor àubé dàu màü.
Dis lo santa, dîs l'oboundanço,
Si noû l'àuvian dîré d'ovanço,
Un jour quéü gourman créboro,
Quél-yvrougno s'ossoumoro,
Quéü libertïn s'éychàudoro,
Quello lévo-nâz toumboro,
Quéü médisan sé dannoro,
Quél-ïmprudén sé gâtoro,
Quéü méychan-sujèt périro,
Quéü mïnjo-béy[40] éytouvioro...[41].
L'omi qué parl–éntàü

(34) Ils sifflèrent.
(35) Le fouet.
(36) Par les mains.
(37) D'un cheval de bois.
(38) Aussi bien.
(39) De telle ou telle manière.
(40) Prodigue, dépensier.
(41) Manquera, jeûnera.

N'éy mâs-kan no brodasso,
Éntré-tan-di lou tén sé passo ;
É lo mor, é lou màü né soun jomàï crégus
Mâs-kan apréz quîs soun véngus.

Loû doû Muléys.

Dous Muléys fogian vouyagé,
L'un charja dé bigoro[1] ;
L'àutr-én superb-éyquipagé,
Charja d'argén én lïngo
Qu'àu pourtav-à lo mounédo[2].
L'un éyro vâlé dé mouniéz
É l'aütré d'un gros financhéz ;
Quéüqui téigno so této rédo
É tan dré coum-un killola[3]
Préigno lou haü dàu pova.
Pèr-mour qu'àu porto lo finanço,
Au sé créü trésàuriéz dé Franço,
É vou sécou, mâs coum-àu faü
Lou tréy tours dé grélo qu'àu pourtàv-én soun càü.
Au miéy dàu gran-chomi àu né vio pas prou plasso.
Lou mouniéz vio l'àureillo basso
É chàu sé prém-[5]-én-pàü dé sé,
Moussu lou financhéz lou chasso.
Bouéy, t'én préjé, tiro t'én-làï[6],
Moun-diü ! qu'àu méychanto mino !
Tu pudéy[7] à lo farino,
Iàü té dàïvoué pèr moun fràï.
Lo corello déyjà s'éyro bién éychàufado ;
No béndo dé vouleurs qu'éyran én émbuscado,
Sé jittén tou-d'un-co à gran co dé billoús[8]
Sur quéü qué vio loû pigoillous[9].

(1) Blé d'Espagne.
(2) A la Monnaie.
(3) Petit morceau de bois pointu par les deux bouts, que les enfants font sauter en l'air avec une espèce de spatule.
(4) A cause.
(5) S'il s'approche.
(6) Retire-toi au loin.
(7) Empoisonne.
(8) Bâtons.
(9) Les écus.

Lou trésàuriéz sé vàu déféñdré,
Is l'ûfflérén coum-un védéü ;
Au lour dissèt bé piéï qu'à péndré,
Màs l'ïn coûtèt soun argén màï lo péü.
Lou mouniéz né guèt pas no déycho [10] ;
Car loû vouleurs soun dé lo gén
Qu'àïmén bé bién l'or é l'argén,
Màs qué né mïnjén pas souvén
Ni bigoro ni pâto-kéïcho [11].

No grando plaç-éy un fardéü
Màï pûs danjéyroû qu'un né créü ;
Quamb-àn noû vû d'homéîs én charjas,
Qué las ruas n'éyran pas prou larjas
Pèr léyssas possas lours grandours,
É qué si-tôt qué lo justisso
Guèt méï lo mo sur lour pélisso,
Dìs dàû cû dé pitàü néyrén chobas lours jours.

(10) Une blessure.
(11) Pâte de farine de blé sarrazin, bouillie dans l'eau.

L'Oglian é lo Couyo.

Lou boun-diü sé troumpo jomàï,
Au fàï toujour bién cé qu'àu fàï,
Quello varta, Lo Fountaïno l'opouyo,
Én-d-un oglian, én-d-uno couyo.
Séy couré dé Roum-àu Péyrou,
Soun éymé no mâs-kan méytiéz d'un poutirou.
Préytan l'àureill-éycoutan lou.
Gros-Jan, lou jàü¹ dé soun vilagé,
Fozén un jour soun ovouca,
(Méyvis qué lou vézé planta,
Sas mâs doréy soun cû, én soun chàï² dé couta)
Diré : Corbleu ! qu'éy bién doumagé
Qué lou boun-diü m'ayé pas counsulta
Quant-àu siclièt³ quello citrouillo
Subré no si pitito douillo⁴.
Ah ! Gros-Jan ! si tu vias éyta qui,
Dé ségur lo siro péndudo
Én quéü gros rouvéï qué véyqui ;
Lo s'y sirio plo mièr téngudo,
Màï lou moundé l'àurian mièr vudo.
Qué sinifio sûs⁵ quél-oglian⁶ ?
Méyvis qu'àu juro nè sàï-kan.
Tan-màï l'y pénsé, tan-màï vézé
É lo citrouill-é lou rouvéï,
Tan-màï dizé qué fouill-ovéï
Méï lo couyo, couaqu'un n'en dizé,
Enté quél-oglian fuguèt méï.

(1) Le coq. (4) Tige.
(2) Sa tête. (5) Là-haut.
(3) Il assit, il plaça. (6) Ce gland.

Tout-én boillan lou bal à no talo critico,
  Véyqui moun Gros-Jan qué s'éndèr
  Sou lou rouvéï, lou véntr-énlèr;
  Au né raïbo mâ politico,
Quan tou-d'un-co n'oglian vèt à toumbâ
  É l'ïn foguèt pissas lou nâ.
Oh! oh! sé dissè-t-éü, sirio-b-un brâvé gagé
  Si lou boun-diü qué prévéü tou,
  Én plaço dé l'oglian, guéz méy lou poutirou?
Au m'àurio b-éypoûti⁷ tou moun pàubré visagé!
  Gros-Jan! Gros-Jan! té méylas pùs
  Dé cé qué fàï quéü qu'éy assûs.
  Sé qu'o tou fa sèt mièr qué n'aûtréîs
  Cé qué faut à châcun dé n'aûtréîs.
  E moun Gros-Jan dé s'én tournâ
  Apréz véy éyssuja soun nâ.

  A voû messûr loû filosoféîs
  Qué séz toû gongliéîs⁸, toû bién goféîs⁹,
Qué né chobas¹⁰ jomàï, à tor é à trovèr,
  Dé countrérôlâ l'univèr;
  L'ofà dé Gros-Jan vous régardo;
  V'overtissé, prénéz l'y gardo,
  Loû béü arguméns qué voû fà
Pourian bé, coum-à sé, voû toumbas sur lou nâ.

(7) Ecrasé.
(8) Bien réjouis.

(9) Bouffis.
(10) Finissez.

Lou Péyzan dàu Donubé.

É fàu jomàï, pèr lo borico,
Jujâ dé lo bounta dàu vi,
Ni d'un homé pèr soun hobi,
Qu'éy no méychanto politico.
Témouén Éyzopo lou boussu.
Quï diàüréï[1] guèz jomàï crégu
Qué lou méytré dé lo noturo
Guésso cota n'éïmé[2] tan béü
Dìs no taillo, joû[3] no figuro
Qu'àurian fa fugîs[4] loû àûzéû ?
Mâs voléz-vou no préuvo pûs nouvello,
  Domandâs-làü à Marc-Aurélo ;
  Au vou diro qu'un grô péyzan
  Dé vèr lâs ribâs[5] dàu Donubé,
  Parlav-àu réy, àu courtizan
To-plo coum-àurio fa pén àurotour dé clubé.
  Lou pourtrèt dé quéü péyzan qui
  Lou vàu faïr-én rocourçi ;
  Éycoutâs-mé biéń, lou véyqui :
  D'obor, uno barbo toufudo,
  Tan coutido[6] coum-un chardou
  Topissâvo soun bobignou[7] ;
  So péü tonad-éyro bourudo
Coumo lo péü d'un ours, mâs d'un ours màü lécha ;
  Soû éîs guerliéîs[8] qu'éyran cocha
  Soû douâ grandâs vaûtâs dé sillâs[9]
  Fogian pàur-à toutâs lâs fillâs ;

(1) Qui diable.
(2) Caché un si bel esprit.
(3) Sous.
(4) Fuir.
(5) Rives.
(6) Mêléc.
(7) Son menton.
(8) De travers, tournés.
(9) Sourcils.

Soun régar vistav-à l'énvèr ;
Au vio lou nâz fa dé trovèr,
Gorjo torto [10], grossas bicas [11],
É lâs pûs salas mouricas [12]
Qué courén pèr lou carmantran [13]
Séy cràignéy ni frétu-ni-bran
N'àn jomàï gu dé pûs oré [14] visagé
Qué quéü dé nôtré persounagé ;
Én-un-mou, qu'éyro bé lou pûs oré gagé
Qué gnioguèz châz toû loû Germén.
Soun hobi éïr-à l'ovénén.
Un just-àu-cor [15] dé péü dé bou [16] sauvagé,
Qué l'y sémblav-un pé-t-an-lèr,
No cénturo de jùn dé mèr,
(D'àûtréîs dizén dé lo péü d'uno sèr [17])
Nâs broyâs [18] d'un grô druguè vèr,
L'y fogian tou soun éyquipagé.
Eh-bé quél-hom-éntàü bâti,
Eh-bé quél-hom-éntàü vîti,
N'éyro pèr-tan pas n'éybêti.
Soû compoignoû l'ovian chàusi
Pèr nâ préséntâ no réquêto
A Roum-é chioplâs countré quîs !
Countré toû loû préfets quîs vian méï à lo têto
Dé lâs villas dé lour poyìs,
Énté dégu loû poudio pûs potîs.
Au par ; àu cour ; àu l'iéy : àu déypléjo [19] so l'ingo,
É comménç-éntàü soun horïngo :

(10) De travers.
(11) Lèvres.
(12) Masques.
(13) Le carnaval.
(14) Vilain, laid, hideux.
(15) Un habit.
(16) Du bouc.
(17) D'un serpent.
(18) Haut de chausses.
(19) Il déplie.

Rouméns! é vou Sénà siclia pèr m'éycoutà!
(Mâs ïaü préj-avan tou loû diüs dé m'ossistà).
Couaqué né chio mâs qüi pèr domandas justiço,
  Séy lour sécour, ïaü sabé-bé,
  Noû né soun copabléîs dé ré
  Nou-mà dé tor é d'injustiço.
  Témouén! témouén vôtr-ovoriço
  Qué noû châtio si rudomén!
  Quéy nôtréîs pécha suromén
  Pûs-tôt que l'éyfor dé vôtr-armas,
Qu'an fa quîs v'àn chàusi pèr esséy l'instrumén
  Qué noû faï versas tan dé larmas.
Trémblas! trémblas! Rouméns qué lou céü càüqué jour
  Né noû chàusiss-à nôtré tour
Pèr réboustias [20] châz voû loû pleurs é lo miséro
Qué voû noû véz pourtas én noû pourtan lo guêro;
  Loû fourcéz pas, dîs lour coulêro,
  A décrétas, màs béléü avan pàü,
Qué noû siran chargea dé voû fas tou lou màü
  Qué vaùtréîs véz fa sur lo terro.
  É dé càü dré préténdéz-voû
  Esséy meillours é pûs méïtréîs qué noû?
  Véz-voû màï d'éymé, màï d'odresso?
  Màï dé forço, màï dé souplesso?
  N'àn noû pas coumo voû douâz mâs
Pèr fas to-bé qué voû cé qué voû sobéz fas?
Pèr-qué séz-voû véngus tréblas nôtr-inouçénso?
Noû crubian én répàü nôtréîs chans dé séménso;
  Pén dé noû ovian-t-îs méytiéz,
  Pèr aprénéy toû loû méytiéz,
  Dé fas sou voû n'opréntissagé?
Éy-co voû qué noû véz opréï lou lobouragé?

(20) Rapporter, rebrousser.

Véz-voû jomàï mognia [21] ni trénchas ni apléîs [22] ;
Véz-voû jomàï pourta loû quitéîs bouts dàû déîs
    Sur lou manglié [24] dé càûqué gagé?
N'ovian to-bé qué voû lo forç-é lou couragé ;
    É si n'oguèssan gu vôtro cupidita,
    Vôtr-émbitiü é vôtro vonita,
N'aurian, au séy-d'ané, sur voû l'autorita
Qué noû éyzerçorian séy inhumonita.
    Lou céû, lo terro, lo noturo.
Noû réprouchorian pas dé lour véz fa d'injuro
    Coum-îs fan à vôtréîs préfets,
    Qué né soun mâ dàû bouto-féts.
Nou, nou, Rouméns ! jomàï dégu né voudro créyré
    Toutas quellas qu'îs noû fan véyré,
    É lo mojesta dàû àutar
    N'én éy ello-méim-àufénçado.
    Sochas, Rouméns ! qué loû diüs tòt-àu-tar.
    Sén vénjoran subré quell-ossémblado.
    Voû sobéz bé quîs vézén tou.
    Én voû vizan, qué vizén-t-îs dé bou?
Lou méypri qué voû fas dé lours léîs, dé lours fêtas,
Voû né séz mâ pèr îs dé grans objets d'horour.
Vôtr-ovoriço vàï déychant-à lo furour.
Fàu boillas [24] nôtréîs béîs pèr sàuvas nôtrâs téïtas.
    Vôtréîs préfets soun dé lo gén
    Qué n'àïmén ré nou-mâ l'argén ;
Noû n'én àn jomaï prou pèr quîs qué noû coumandén
    Nôtras terras, nôtré trobàï,
Lou sodoulorian pas quan gniàurio vïn vé màï ;
Tan-màï îs noû n'àn préy, tan-màï îs nén domandén.

(21) Touché.   (23) Le manche.
(22) Le soc de la charrue.   (24) Donner.

Tiras-loû noû.... Châz noû né volén pûs
    Lobouras pèr îs lâs campognas,
    Toû s'én fujén énsûs! énsûs!
    Sur lo cîmo dé lâs mountognas.
    N'obandounén nôtrâs méyjous ;
Moun armo! n'amén màï viàüré coumo loû lous,
    Is né soun pas tan danjéyrous.
É coumo voléz-voû qué n'oyan lou couragé
    Dé mettr-àu jour càüqué méynagé?
Pèr loû néjas tou viü dîs no mèr dé molhur.
    Noun pas! noun pas! pèr lou ségur!
    Chacùn fiü[25] dé so méinojéro.
Pèr loû pàubréîs pitîs qué soun déijà nâcu[26].
Ah! noû désirorian dé boun cœur qué càücu
Tan-qué-tan[27], dovan voû, lour féndéz lo gourjéro.
Iàü sabé plo, Rouméns! qué fàu un gran pécha
    D'ovéy gu no talo pénsado,
    É dé ségur n'én sàï plo prou fâcha.
Mâs qu'éy vôtréîs préfets qué noû lo àn rochado.
    (É, ïàü n'én ottesté lou céü,
    Quéy lour crimé, noun-pas lou méü).
Déyborossas-noû-nén, Séna ïàü vàü répétté,
    Qu'à so plaço chacùn sé métté,
    Lo lour n'éy-mâs (vàu sobéz-bé)
    Énté sé fàï jomaï dé bé.
Qué noû opréndrian-t-îs én domouran châz nàûtréîs?
Is forian à lâs fîs qué tou nôtré poyis
    Sirio tan couqui coumo îs.
Car n'àï vu mâs-kan co én oriban châz vàutréîs :
Lou moundé n'àn-t-îs ré dé boun à voû dounas!
Dé tàü poyis quîs chian, îs sén podén tournas.

(25) Fuit.
(26) Nés.
                (27) Sur-le-champ.

Pèr ís gnio pûs ni léís, ni piéta, ni justiço,
É Roum-àu séy–d'ané né viü mâ d'ovoriço.
Sénotours! mon discour éy, béléü, un pàu for,
Mâs loû péyzans, châz voû, né m'injén pas dé micho [28].
Iàï choba... Mé véyqui... V'aùtréís séz loû pûs for...
Iàü m'y otténdé bé... Voû puniréz dé mor
    Lo varta... [29] Mâs l'o v'àuràï dicho [30].
      Én méimo tén àu sé couéijèt [31]
      Tou dé véntré àu miéï dàu parquèt.
      L'ossémblado s'éyboïguèt [32]
    D'ovéy trouba d'ïn l'âmo d'un sauvagé
Tan d'éymé, dé rosou, dé boun-san, dé couragé ;
    Lou Séna lou noumèt préfet :
    Co fuguèt touto lo véngénço
    (É lou Séna n'én counvénguèt)
    Qué soun discour l'y méritèt.
    É pèr-fi qué quell–ovanturo
    Possess–à lo raço futuro
Au chossèt loû couquis qué déypéy tan dé téns
    Fojian tan dé màu àü Germéns.
    É sé méim-ordounèt d'éycriré
Tou cé qué quéü péyzan lour végnio mâ dé diré ;
    Pèr qué co serviguéz toujours
    Dé modél-à soû àurotours.
    Mâs ïàï àuvi dir–à moun ando [33]
(E ïàü diràï toujours, si càucu m'àu domando)
    Qué quéü béü régliomén
    Né durèt pas loun tén ;
    Tan-piéï pèr loû Rouméns,
    Tan-piéï pèr loû Germéns,

(28) De pain de froment.
(29) La vérité.
(30) Dite.
(31) Se coucha.
(32) S'émerveilla, s'étonna.
(33) Ma grand-mère.

Tan-piéï pèr touto républico
Qué laïsso chàuménis no talo rétorico ;
Co n'éy mâ lo vertu é lo francho-varta
Qué fan lou bounhur d'un éyta :
Séy quello, pouén dé liberta ;
Séy l'aütro, pouén dé suréta.

Lou Lioun molaüdé é lou Rénar.

Autré-tén îs man counta
Qu'un lioun qué s'éyr-alita[1]
Pèr préncipé dé santa,
Ordounèt dïn tou l'éyta
Qué dovan so mojesta
Loû béytiàüs dé tou-t-éyta,
Dé tout agé é colita
Vénguessan pèr députa
S'ïnfourmas dïn qual-éyta
Sé troubavo so santa ;
Soû péno d'esséy trota
Coum-un trat-un révoulta
Aüb-un criminel d'éyta.
D'àu resto so mojesta
Proumèt à tou députa
Protétiü é suréta
Pléin-antiêro liberta
Pèr un éycrit cochéta
Én lo griffo dé l'éyta.
Quan co fuguèt troumpéta,
V'àurias vu dé tou coûta
Lou béytiàü déycounorta[2]
L'y couré, poti-pota
Coumo dé-béü déyrota
Dé pàu d'esséy décréta
É dé sé véyr-orèsta,
Fouéyta, marka, déypourta,
Màï béléü déycopita ;

(1) Alité, mis au lit. (2) Déconcerté.

Car lou réy éyr-éntêta,
Fouillo fas so volounta.
Loû rénars qué soun fûtâ [3]
Màï qu'an dé lo vonita,
S'éntêtén dé lour coûta
E né fan aucun éyta
Dàu réy, ni dé so santa,
Ni dé soun infirmita,
Pas màï qué dé l'orêta
Qué vio préï so mojesta;
Is sé domourén cota [4].
Quan co fuguèt ropourta
Dïn lou gran cousséy d'éyta,
Lou lioun fut plo déypita
Dé sé véyr-éntàü trota.
Mâs càücu m'o rocounta
Qu'un rénar vio riposta :
Siro, n'àurian counténta
Vôtr-ïnfirmo mojesta ;
Mâs ïàï finomén guéyta
L'éndr-énté s'éyran pourta
Loû péz dàü députâ ;
Loû aï trouba toû planta
Viran dàu méïmo coûta.
Apréz loû véy bién counta,
Lour noumbré m'o otesta
Qué sur milo qu'an éyta
Véyré vôtro mojesta,
Gnio diéy-cén qué l'y an resta.
Màï qu'éyro bién lo varta.

(3) Fins. (4) Cachés.

Véyqui moun counté counta ;
Né sàï chiàu vo counténta.
Én riman toujour én *ta*,
Béléü ïàü vàï éntêta :
Pèr-tan ïàï dit lo varta,
É quéü qué l'o ïnvénta
N'éyro pas n'homé d'éyta.

Lou pipéyaïré. l'Éyparviéz é lo Laüvo.

EN-D'UN miréï[1] é daü sédous[2]
Un pipéyàïré dé châz nous
Tropav[3] —un jour daü aüzillous.
No jàun-é pitito làuvetto
Qué lou miréï éyblàuziguèt[4]
S'én vèt chantussas[5] tout àu pèt.
Un éyparviéz qué lo véguèt
Found sur ello, lo vou crouchetto,
É dàu prémiéz co dé fourchetto
L'y guèt bé tôt bora lou bèt.
Lo n'éyvitèt mâ lo mochino
Pèr servî d'éybotouéï[6] à l'àuzéü dé ropino.
Péndén qu'à lo plumas l'àuzéü èyr-ocupa,
Sé méïm-én-d'un sédou àu sé trobo ropa.
(Tan-mièr., mé diréz-vou, n'éyro pas gran doumagé).
— Pipéyaïré, moun boun-omi !
Sé dissèt-t-éü dìs soun lingagé,
Bouéy ! làïsso-mé nâs, vàï ! paübré piti méynagé !
T'àï jomàï causa pén rovagé,
T'àï jomàï ré fa ni ré di.
— Noun-gro, dissèt tan lou piti,
Mâs dijo-mé cé qué té vio fa lo laüvo ?

Un màüfotour jomàï sé saüvo ;
Lâs couquinorias daü méychan
Soun souvén n'escuso pèr nàütréïs ;
É dégü noü éypargnoran
Si noü n'éypargnén loü aütréïs.
Tan-piéï pèr quìs qu'auran màü fa ;
Coum-îs foran, lour siro fa.

(1) Miroir.
(2) Nœuds coulants.
(3) Attrapait.
(4) Eblouit.
(5) Diminutif de chanter.
(6) Joujou, amusement.

Lóu Jàï qué sé carro de lâs plumas dàu Pan.

Un jour un viéy jàï sé carravo
Én lâs plumas qu'àu vió ràuba [1]
D'un superbé pan qué mudavo [2].
Né sàï coum-au s'éyro douba [3],
Au séyguèt [4] bé dé càüco modo [5]
Qu'àurias dit qu'àu fogio lo rodo [6]
Tan lou drôl-éyr-éybourifa [7].
Din-t-un si superbé éyquipagé,
Au sé créü béü coum-un éymagé
É sé bouéyro [8] coumo [9] loü pan
Qué loü counéissén tan-qué-tan [10].
Quant îs vézén quello mourico [11],
Co fuguèt no brâvo musico.
Dobor îs sé mouquén dé sé,
Apréz co lou plumén to-bé [12]
Qu'àu éy vira [13] quittas lo plaço.
Au torno vèr quîs de so raço,
Mas n'én éy pas mièr réçàubu [14]
Au vàu fas so cour à no jasso [15]
Qué l'y ficho dàu pè-t-àu cù.

Un léyrou [16], tàü qué chio [17], né fàï jomàï fourtuno.
Noü vèzén forço [18] jaïs séy plumo,

(1) Volé.
(2) Muait.
(3) Arrangé.
(4) Accoutré.
(5) De quelque manière.
(6) La roue.
(7) Hérissé.
(8) Se mêle.
(9) Avec.
(10) Sur-le-champ.
(11) Masqué, mascarade.
(12) Si bien.
(13) Il est obligé.
(14) Mieux reçu.
(15) Une pie.
(16) Larron, voleur.
(17) Tel qu'il soit.
(18) Beaucoup.

4.

Jàïs à doù péz [19], tou coumo quéü,
Sé carras d'un propé gounéü [20]
Qué càucas-dé-vé [21] n'éy pas séü,
Fas dé bravéïs [22] libréïs nouvéü,
Én dé lâs féillas dé viéix libréïs ;
Mâs quis darniéz, loû làïssé libréïs [23].
Lo Fountaïno n'én parlo pas,
N'y volé pas troubas [24] d'ofas.

(19) A deux pieds.
(20) D'un bel habit.
(21) Quelquefois.
(22) Jolis livres.
(23) Libres.
(24) Trouver à redire.

Lou Lioun amouroux.

Au tén qué lâs bêtias parlovan,
Lou liouns éntr-àütr-ambitionovan
Dé sé moridas coumo noû.
É pèr-qué pas ? à léy-doun [1] quell-énjénso
Né vaillo lo pas tan qué noû ?
Couragé, forç-intellijénço,
Propé muséü [2] sur lou marcha, ;
Véjan qui l'y fuguèt moucha.

Un lioun dé gran poréntagé,
Possan pèr un certain pra,
Trobo no barjèr-à soun gra
É lo domand-én moridagé.
Lou paï àurio bé mièr aïma,
Si co guéz éta poussiblé,
Càüqué géndré m'in toriblé,
É qu'àurio gu m'in dé béüta.
Mâs countrarias un éntéta
    Dé quél-éyta
L'y sémblo, tan-maï àu l'y pénso,
N'ofà dé grando counséquénso.
Boillas so fillo, qu'éy bién dur !
Lo réfusas, n'éy pas ségur.
Po-ïàü ténéy so fillo dîs n'éymâri [3] ?
Trouboro-lo toujour un si riché parti ?
    É sîs van càüqué béü moti
Possas lou countra séy lou noutâri ?

---

(1) Alors, dans ce temps-là.
(2) Joli minois.   (3) Une armoire.

Car fàu bé diré lo vérita,
Si lou golan éyr-éntêta,
Lo fill-éyro d'uno fiarta
Que n'àurias pas vu so poriéyro ;
No fill-éntàü se couéyf-éyza [4]
D'omouroû à lounjo criniéyro,
É vou n'àuzorias pas dîr-à tàu golan
Tou netté dé fichas soun can.
Aussi lou pàï prén n'émbàïsso [5] m'ïn duro,
Fàu qué vou counté l'ovanturo.
Mounseignour, sé l'y dissè-t-éü,
Mo fill-o lou cœur é lo péü
Téindréïs coumo dé lo rousado [6],
É vôtro griffo plo filado
L'y forio màï d'un-éngraugnado [7]
Quan vou lo voudrias coressas ;
Permettéz doun (séy v'àufénça),
Qué vou brié [8] tan si pàü vôtr-ounglias trop pounchudas [9]
Pèr qué làs né chian pas si rudas.
Suffréz aussi, én méimo tén,
Dé vous léyssas limas làs déns.
Au mouyén de quéll-éychancruro,
    Vôtréïs bicoû [10]
    Püs omouroû,
    M'ïn danjéyroû,
N'éyfrédoran [11] pas lo futuro,
V'auréz màï dé plozéï toû doû.
Moun lioun, omouroû coumo catré,
Sé guéz dé boun cœur léyssa battré ;

---

(4) Se coiffe facilement.
(5) Une tournure, un parti.
(6) Rosée.
(7) Egratignure.
(8) Que je vous racourcisse.
(9) Pointues.
(10) Baisers, embrassements.
(11) Effraieront.

Au sé laïsso doun bêtiomén
Brias sa vïn griffas màï lâs déns,
Tan l'omour fàï dé l'éytouillo [12]
Dîs no cervello qu'àu farfouillo [13] !
Quan soû péz futén déyounglia [14]
É soun râtellier déymanglia [15],
Is l'y lâchén loû chéîs d'uno légo [16] lo roundo,
Qué l'y fitén dansas no fiéro danso-roundo.
Lou pàübré gar, qué sé déféndio màü,
Chobèt [17] pèr toumbas dàu gran màü,
Dàu màü dé lo mor, volé dîré ;
Lo nôvio [18], lou béü-pàï, sé boutéyrén [19] dé rîré.

Jàunas fillas, jàunéîs garçoû !
Quéü counté vou régardo toû.
Quan l'omour tèt no jàuno têto,
Au l'éytribo [20] qué lo témpêto.
Léy-doun pûs d'éymé, dé rosou,
Pûs ré dé béü, pûs ré dé bou :
Voû podéz dir-adiü prudénço ;
Lou bounhur chabo [21] pèr lou bou
Énté l'éntêtomén couménço.

(12) Du ravage.
(13) Bouleverse.
(14) Dégarnis d'ongles.
(15) Démanchés.
(16) D'une lieue.
(17) Finit.
(18) La novie, la prétendue.
(19) Se mirent.
(20) Travaille, use, fatigue.
(21) Finit.

Lou Curèt é lou Mor.

Un mor s'én-nâvo tristomén
Poyas so rénd–à lo noturo.
Un curèt plo guày, plo counten,
Chantav–àupréz dé lo voituro
Ént-èyr-émbola soun trésor.
Car fàu diré qué quéü mor
N'éyro pas dé pitito biêro;
Mas qu'éyro lou pûs gros séignour
Dé toû loû nobléîs d'aléntour.
Quéü moundé roulén toû corosso,
Méimo pèr nâ déych-à lo fosso.
Pèr loû nobléîs, pèr loû richars,
L'io toujour gu dàu corbillars,
(É pèrfi[1] qué dégu n'én groundé,
Auro[2] l'ién o pèr tou lou moundé.)
Finalomén, nôtré mor vio lou séü
Pèr lou ménas tou dré–t–àu céü,
É so fomillo rich–é fiêro,
L'ovi–éyténdu tou dé soun loun
Dïn–t–un superbé hobi dé ploun.
Hobi qué noû pélén no biêro,
Hobi d'hyver, hobi d'éytiü,
Hobi pèr fas lo proucessiü,
Hobi pèr loû soudars, hobi pèr lâs ménêtas[3],
Hobi dé jourbran[4] màï dé fêtas,
Hobi qué ni gran ni piti
Né quittén jomàï pûs, no-vé[5] quîs l'an vîti.

(1) Afin que.
(2) Maintenant.
(3) Dévotes.
(4) Jours ouvrables.
(5) Une fois que.

Moun curèt, plo counténdîs l'âmo,
Chantavo pèr quello boun âmo
Forço *de profundis*, forço *miserere*,
(Tout-à-co vàut bé càücoré).
Moussu lou mor, léyssas-mé faïré,
Vou boilloràï pèr païr-é màïré
Dàü *requiem*, dàü *libera*,
Dàü *oremus*, dé lâs létéignas,
Versets, réïpouns, et cétéra ;
Né crézé pas qué vou v'én pléignas,
L'éyssantiel éy dé bién poyas;
Sur-tou dé né pas barjignas [6].

D'obor fàu *tan* pèr moun dré dé présénço,
Qu'éy toujour pèr-à-qui qu'un bourdoréü couménço ;
   Tan pèr véy lâs grandas hàunours [7] ;
   Tan pèr lou paly [8] dé vélours ;
   Tan pèr loü dréis [9] dé lo fobrico ;
   Tan pèr loü *diés* én musico ;
   Tan én céro [10] ; *tan* én argén...
Én un mou, lou mountan dé quél-énterromén,
Quan lou curèt l'ogueï tira dîs so mémôrio,
   L'y dévio procuras lo glôrio
Dé n'ovéy pèr so par un boun fü dé Bourdéü
   Dàu méillour et dàu mïn nouvéü.
   Lou servicé, la coranténo
   É l'offrando dé poténo,
   (Séy coumprénéy lou bou dé l'an),
   Dévian fas n'hobillomén blan
   Pèr certéno pitito nesso
   Qu'éyr-à lo flour dé lo jàunesso,

---

(6) Marchander.
(7) Grandes honneurs.
(8) Drap mortuaire.
(9) Les droits.
(10) Cire.

Màï no jupo dé bé-vénti [11]
Pèr lo chamboriéro Coti.
Tout-én boillan lou bal à no talo pénsado,
    Coum-îs préygnan lo déyvirado [12],
    Né sàï coumo co sé foguèt,
    Mâs lo corosso châvirèt,
É lou mor bradadàü, toumbo dré sur lo têto
    Dàu pàübré molhurou curèt,
    É coum-un yàü l'éypoutiguèt [13]
    Countré no pitito muretto.
Lou poroufién de ploun éntràïno lou pastour
    Lou curèt séguèt [14] soun séignour.
    Is loû mettén dîs lo corosso ;
    Fouguèt [15] fas vîté n'àütro fosso ;
    É quél-occidén molhurous
    Au lèt d'un mor n'én foguèt dous.
    Lou casuel é lou luminâri,
    Tou co fuguèt [16] pèr lou vicâri.
    Lo jàuno néss-é lo Coti
    N'én guêrén-las [17] chacuno lour boussi [18] ?
    Co-n'éy pas cé qué noû régardo,
Lou counté chabo [19] qui ; l'autour n'én parlo pas,
    N'y n'an pas boutas [20] nôtré nâz.

    Mâs méyfian-noû dé lo comardo,
    L'éy toujours à nôtréîs tolous,
    Soun dard né fàï pas dé jolous ;
    Touto l'herbo dé lo noturo
    Éy pèr sé toujour prou moduro,

(11) Bien adventif.
(12) Le détour.
(13) L'écrasa.
(14) Suivit.
(15) Il fallut.
(16) Fut.
(17) En eurent-elles ?
(18) Leur morceau.
(19) Finit là.
(20) Mettre notre nez.

Au faücho dis toutas sosous.
Dïn lou céü nôtr-hour-éy fixado,
É pléytodiü l'y guéssan-noû [21]
Nôtro plaço to-bé marcado,
Dé-ségur lo s'y perdrio pas ;
Car n'ovén béü dîr-é béü fas
Dé béü plans, daü projets, daü châtéü én Espagno,
Én vill-à lo cour, én campagno,
Lo mor déytrui tou-co daü mïndré co dé pèt,
Témouén lou molhurou curèt.
Né counéyssé mâs no finesso
Pèr l'émpêchas dé noû trohis,
Qu'éy dé viàuré dîs lo sogesso
É toujour tout préyt-à partis [22].

(21) Y eussions-nous.   (22) Prêts à partir.

Lou Toupi dé La.

PÈYROUNO[1] pourtav-àu marcha
Un toupi[2] dé la sur so têto ;
Sur un piti couéssi[3] lo l'ovio bién jucha[4]
Guêssas dit[5] qu'àu l'iêr-éytocha[6].
Billado[7] coum-un jour dé fêto,
Révéillado coum-un cïn-sàu,
Légêro coum-un parpoillau[8]
Pùs lesto qu'un chat-éycurau ;
No propo jupo dé saumiêro
Rétroussado dîs so gotiêro,
Chaussad-én souilliéz plats, pèr né pas tan riscas
Ni d'éntorço ni dé faü-pas.
Nôtro Péyroun-éntàu troussado,
Counto déijà dîs so pénsado
L'argén dé soun toupi dé la ;
D'ovanço lo l'ovi-éycunla[9] ;
Lo sobio loû grélous[10] qué soun toupi countéigno,
É (gnio pas dé goutou[11] qué téigno)
Gniovio[12] pèr vïnto-catré sàu ;
Lo n'én dévio chotas tréy doujênas dé yàu[13].
Loû foraï couàs[14], sé dijio-t-ello ;
Quîs pouléîs, coumo dé rosou,
Trouboran-bé doréy méyjou
Pèr viàuré càuqué bogotello.

(1) Pétronille.
(2) Pot.
(3) Coussin.
(4) Juché.
(5) Vous eussiez dit.
(6) Attaché.
(7) Habillée.
(8) Papillon.
(9) Mesuré.
(10) Mesure pour le lait.
(11) Goutte qui se donne sur le marché.
(12) Il y en avait.
(13) Trois douzaines d'œufs.
(14) Couver.

L'fochodi[15] de bla, dé blodiü[16], dé froumén,
    Loü nûriro certénomén,
    Séy qué m'én côto forç-argén ;
    Lou rénar, mougra so finesso,
    Lo miàülo[17] ,mougra soun odresso,
    M'én làïssoran-bé toujour prou.
    Hujan, çàï véygné lo Saint-Lou
    Pèr n'én vèy un propé gouignou[18].
    Lou préndràï un pàü rosounablé,
    Dé bouno gorj-àu[19] éy copablé
    Coumo counéyssé vèr châz nous,
    Dé s'éngréïssas presqué tou sous.
Lcchâtéigno, l'oglian qué domourén dessous
    L'iaurian tôt fa no bouno couéyno.
    Quan l'y foudrio dé tén-én-tén
    Véy càüco jàufado[20] dé brén
    Co n'éy pas qui no grando rouéyno.
    Éngréïssa qu'àu chio, lou véndràï ;
    Dé l'argén que n'én tiroràï
    Pèr moun counté nén chotoràï
    Un piti védéü màï so màï.
    Qu'éy mé méïmo qué gardoràï
    Quéü piti troupéü quan l'auràï,
    É dé ségur, l'àuméntoràï
    Toü loü ans tan qué ïàü poudràï.
    Qu'àu plozéï ! Péyroun-én to gàülo
    Dé fàïré-fàïre lo pingràülo,[21]
    A tréü-quatré pitis védéüs,
    É dé poudéy dir-y soun méüs !

(1) Mauvais grain.
(1() Blé sarrazin.
(1?) Le milan.
(18) Un joli cochon.
(19) Un bon appétit.
(20) Poignée de son à deux mains.
(21) De petits sauts.

Méyvis qué loû véyzé d'ovanço
Lévas toû lo couétt-én codanço,
Éypïngas, jïngas, sàuticas !
Péyrouni loû vàu countrufas
Séy sungnias [22] qué subré so têto
Lo vio tou l'argén dé lo fêto.

Én sàutican, [23] lo Péyrouni
Foguèt sàuticas lou couëssi,
Vàï té fas fiché, lou toupi ;
Au toumb-àu mitan [24] dàu chomi ;
É véyqui lou la dîs lo faigno [25].

Adiü lou châtéü én Espagno,
Adiü lo vacho, lou védéü,
Lou por, loû pouléîs, lou troupéü ;
Lo s'én tourn-à loustàü plo tristo ;
S'escuzo dé soun mièr aupèt dé soun Bótisto :
Màï s'én fàutèt dé ré qué lou bràvé Tistou
L'y poréïsso dé soun billou,
Pèr l'y aprénéï à sé dounas dé gardo,
Au lèt dé tan fas so bovardo.

Quéü count-éy counogu pèr-tou
Loû messurs l'an méy én chansou,
Én opéra, én coumédio ;
Is risén dé quello folio
Aû dépéns dàu paübré péyzan.
Sanjiü [26] ! quîs nén risan pas tan,
Car îs n'én fan bé piéï, àubé dàumïn autan.
Quan dé toupîs dé la vézén-noû sur lâs têtâs
Dàü péitréîs, dàu soudars, dé lâs quîtas ménéïtas ;
Mâs co fàï coum-àu coboré,
Fàuto dé bounhur àu d'odresso,
Toû quîs qué countén séy l'hôtesso
Soun vira [27] dé countas douâ vé.

(22) Songer.
(23) Diminutif de sauter.
(24) Au milieu.
(25) La boue.
(26) Juron familier aux paysans.
(27) Sont obligés.

Lou Lioun qu'éy véngu viéy.

Un lioun qu'ovio fa¹ tou trémblas
Dîs loû bos dé soun vésinagé,
Obroca² sou lou péï dé l'agé,
A lo fi-dé-lâs-fis³ sén qu'àu né po pûs nas-
Dàûtréîs aussi àu counéguêren,
É tou loû béytiàüs s'én vénguêren
L'y fas châcun so déyrosiü ;
Pén dé îs⁴ n'én guèt coumpossiü,
Jomàï pûs tall-insoulénço.
 Qu'éy lou chovàü⁵ qué clouménço ;
 Au l'y par-un⁶ boun co dé pèt,
 Lou biàu⁷ l'y par-un co dé corno.
 Lou pàübré lioun àu suffriguèt
 É so figuro trist-é morno
 Foguèt bé counéytré d'obor
 Qu'àu n'éyro pûs jàuné⁸ ni for.
 Au mèt lo mo sur so coussïnço,
 Éypéro⁹ lo mor én possïnço
 É sén qu'àu ò mérita
 Dè n'esséy pas mièr trota.
Màs quan l'âné vénguèt¹⁰ l'y m'opoùyas no ruado,
 Ah ! l'y dissè-t-éü, comorado,
 Moun armo ! qu'éy muriz douâ vé¹¹
Dé mé verré ïnsulta pèr càücu coumo té.

(1) Qui avait fait.
(2) Accablé.
(3) A la fin.
(4) Aucun d'eux.
(5) Cheval.
(6) Lui donne, lui applique.
(7) Le bœuf.
(8) Jeune.
(9) Attend.
(10) Vint.
(11) Deux fois.

Richéys! tou lou moundé v'énsenço ;
Mâs l'éyzamplé dé quéü bàudèt
Voû moutro qué dìs l'éndigénço
Chacun vou butirio [12] dàu pèt.
Si vòtré crédit, vôtro forço
Né servèn mâs à tréblas [13] loû pitîs
Au-léit [14] dé v'oun fas dàû omis,
Quan vôtr-àutorita àuro préy càüq-éntorço,
Voû podéz dîré : vàu potiz [15].

(12) Repoussera.
(13) Tourmenter.
(14) Au lieu de.
(15) Je vais pâtir.

Simounido préserva pèr loû Diûs.

OMME dé toul éyta, jàun-àu viéy, pàubr-àu riché,
Souvénéz-voû dé n'esséy jomàï chiché
D'éylogéîs ni dé coumpliméns
Énvèr dé tréy sortas dé géns,
Loû diüs, loû réys é no méytresso,
Molherbo ïàü digi-àütré tén.
Partagé bién soun séntimén
Qué mé porèï plé dé sogesso.
Lo louanjo chotouillo é gaigno loû esprits,
Lou cœur d'uno béüta n'én éy souvén lou prix.
Véjan coumo loû diüs sur terro récoumpénsén
    Lo bravo gén qué loû énsénsén.

Simounido, no-vé, s'éyro charja dàu souén
    Dé vantas un dé quìs oustiéras
    Qué sé battén à co dé pouén,
    Séy sujèt coumo séy bésouén.
    Sur dé lâs bésugnas poriêras,
    Cé qu'un po dîré éy bé tôt di ;
Véyqui moun àurotour àu bout dé soun léti.
    Coumo téindro-t-éü so proumesso ?
    Coumo gaignas loû cént éicus
    Qué l'y vian éyta proumétus ?
Dàumïn si soun champioun guéiss-éyta dé noblesso,
    Fils d'un marqui, d'uno countesso,
    Porén dé càüqué courtizan !
Màs qu'éyro bounomén loû fils d'un artizan,
    E co n'éy gro dîs no boutico
    Qué po brillas lo rétorico,
    Co n'éy pas qui qué nôtréîs àurotours
S'amusêrén jomàï à cherchas dé lâs flours.

Qué foguèt doun moun Simounido
Pèr né pas perdré lo partido?
Au s'élanç-àu pûs hàut dàû céüs
Fàï l'éylogé dàû doû juméüs
Qué soun potrous dé lo coufriéro.
Au rocounto lour vit-antiéro,
Vanto lour éymé, lour béüta,
Ezalto for lour omita ;
Au né toris jomàï subré lour bouno mino,
Lour poudéy, lour forço divino,
Lour gran crédit, lour protectiü
Pèr lou mor coumo pèr lou viü.
Én un mou, l'àurotour domouro
Din lo chodiégro[1] màï d'un-houro,
É loû doû tiers dé tou cé qu'àu dissèt
A quîs doû bessous[2] s'odressèt.
Quant-àu cessèt,
Lou lutteur harnioux coum-un fréro,
L'y baillo cén frans, màï d'énguéro
Én blasphéman countré lou céü,
L'y dissèt : Moun omi, toun discour éy plo béü :
N'io mâs lou tièr pèr mé, vàï fas poyas lo resto
Aû doû fràï dé lo cour célesto
Qué t'as sàubu si-bé vantas.
Pèr-tan té volé counténtas :
Iàü payé tantôt no riboto
A cinq-àu chiéy dé moû omis ;
Iàï sora dé boun vi dé boto[3],
Vâqué n'én béüré coumo îs;
Tu véyras dàû goillars qué siran réjàuvis.

(1) Dans la chaire.
(2) Jumeaux.

(3) Vin du Bas-Limousin transporté dans des outres.

Simounido l'y nèit ; àu oguèt pàu san-douto
    D'uno pûs forto bancorouto.
    Au s'oténdi à dàû coumpliméns,
    L'ïn révéigno no bouno dôso.
    Pèr mïn riscas, àu sé propôso,
    Én couran loû éyvènoméns,
    Dé tiras so par én lâs déns.
Au l'y vàï doun ; lo coumpoigno s'atablo,
    Lou fricot vèt, lou vi sé sablo,
    Loû ris, lo jôyo, lo gàïta
    Chassén loû ofas dé l'éyta.
    Quant îs soun bién èn trïn dé rîré,
    Véyqui lo pàucho [4] qué vèt dîré
    A Simounido qué déhor
Doû jàunéis éytrangers lou domandén d'obor.
    Au sé léïv-àu court à lo porto ;
    (Voû pénsas qué péndén quéü tén
    Lo joyous-é follo cohorto
    Né perdèt pas un co dé dén.)
L'àurotour, plo surpréy, récounèy loû doû angéis
    Doun-t-àu vio fa tan dé louangéïx.
    Is véignan tout expressomén
Pèr l'y poyas lour par dàu coumplimén ;
    Véyqui coumén :
Quîto, sé disént-îs tan-qué-tan, quello fêto,
  Car lo méïjou vàï viras cû-sur-têto.
    Màï co fuguèt bién lo varta ;
  Càüqué gran tràü (toujour màü acoùta [5]
    Countré lo justisso divino)
    Toumbo, n'éntràïno lou plofoun ;
    Dis lou soloùn, dîs lo cousino,
      Tou sé counfoun,

---

(4) La servante.   (5) Appuyée.

Lou fricot, loû plats màï làs chiêtas,
Làs chambas màï loû bras, déych-à làs quitas têtas,
Tou-én un mou sé séntiguèt
Dé lo déyfardo⁶ qué toumbèt.
L'othléto pèr so par guèt no chambo cossado,
N'ién oguèt pén dìs l'ossémblado
Qué né s'én tournéiss-éndécha⁷ ;
Chacun pourtèt châz sé un boussi dàu pécha.

Véz-v-àuvi, lingas dé vipéro !
Qué blasphémas countré lou céü !
Créyréz-voû quétto-vé qué so justo coulèro
Éycliato pûs-tôt qu'un né créü ?
V'ovéz béü v'éytourdis én l'or én lo bouteillo,
Autan v'oun pén à l'àureillo.

Quello fablo, ségoundomén,
Prouvo qué quan un éy sobén,
L'hàunêt-homé po fas dàü vers pèr dé l'argén,
É counservas én méimo-tén
L'estimo dé lo brâvo gén.
Lo réligiü, lo politico,
N'an jomàï méyprésa lo bouno rétorico.
Lou parnassé é lou porodis
Soun fas pèr esséy boû omis.

(9) Des débris. (7) Blessé.

L'Éycorobisso é so Fillo.

Eycorobisso lo màï
Eycorobisso lo fillo,
Pèr no pitito vétillo
Guéyrén un jour no grando castillo ;
Lo fillo n'én poudio pas màï.
Coumo marchas-vou, domouéizello?
Sé-dissè-t-an lo màï, vou vâz touto dé cù ;
Fàu-co vizas én làü[1] quant-un deü nas én sûs[2] !
Bouéy, màï, v'éynidéz[3] pas tan, sé l'y réïpoundèt-ello,
    Si marché toujour én oréï,
    Qu'éy bé vou qué m'ovéy opréï.

    Voû vézéz bé quello pitito fablo,
    Eh-bé, l'o grando moralo,
    Pèr loû jàunéîs màï pèr loû viéîs :
Car n'io re dé méillour, coumo n'io ré dé piéï,
    Pèr un garçou màï pèr no fillo,
    Qué l'éyzamplé dé so fomillo ;
    É qu'éy toujour dìs so méyjou
Qué chacun couménçèt d'esséy méychan àu bou.
    Quan loû pàïs é lâs màïs soun sagéîs;
    Voû véyréz dé brâvéîx méynagéîs ;
Màs, dovau lours pitîs[4] sîs sé coumpourtén màü
    Un jour véndro l'iàuro dàu màü
Pèr énfèt dé marchas coumo l'éycorobisso,
    L'homé sagé càucas-dé-vé[5]
    Sèt-bé culas[6] , sur-tou chaco-lo-vé
    Qu'àu dôto lo mïndro molisso.

(1) En bas.
(2) En haut.
(3) Irritez.
(4) Leurs enfants.
(5) Quelquefois.
(6) Reculer.

L'ÉYCOROBISSO É SO FILLO.

   Loû botélliéz
   Fan tou poriéz ;
 Un né véü jomàï lou vizagé
 Vira dàu couta dàu rivagé
 Ént-îs an énvio d'obourdas :
 Is ramén hàü pèr ribas bas.
  Dîs lou gran-t-ar dé lo moliço
Qu'éy qui, véz, quîs fan bién coumo l'éycorobisso,
   Sur-tou quàn loû guériéz
   Sabén bién lour méytiéz.
Vizas quéü qu'ò sàuva é qué soutèt lo Franço,
   Voléz-vou ré dé pûs odré !
   Quant-àu éymancho dàu bras dré,
   Qu'éy pèr touchas dé lo mo manço [8].
 Soû énnémîs an béü ovéy lou fiü,
Au lour baillo toujour càuqué péyssou-d'obriü.
   Pèr sé, quant-àu mèt dîs so têto
   No vitôrio àubé no counquêto,
   Dégu sé dòt-ént-àu vàu nas,
   Màs-kan quan-t-un lou véü tournas.
   É quan toû loû réîs dé lo terro
   Sémpéûtén [9] pèr l'y fas lo guerro,
   M'éy-t-éyviz qué vézé dîs l'èr
Loû géans qué voudrian déytrônas Jupitèr.
   L'y fàu pas doû co dé tounèr
   Pèr loû viras toû cû-sur-têto ,
Au fàï bufas [10] loû véns, ochuauzo [11] lo témpêto.
   Qu'éy sé qué sur lou Countinén
   Fàï lo plòyo màï lou béü tén.

---

(7) Menace.
(8) De la main gauche.
(9) Greffent.
(10) Souffler.
(11) Calme

Nou, nou Nopouléoun n'éy pas n'hom-ordinâri ;
Dìrias qué lou boun-diü l'ò préy pèr sécrétâri,
É qué, toû doû toû soû, trobaillén dé councèr
    Pèr lou bounhur dé l'Univèr.

Loû Péyzan é soû Méynagéis.

TROBOILLAN, boillan-noû cousséy[1] :
Fourtuno vizo dé mal-éy
Un délézéy[2].
Voun-vàu boillas no préüv-éycrito.
Un péyzan qu'éyr-un boun pinar[3],
Sur lou pouén dé quîtas lo vito,
Tiro soû méynagéis à par,
É lour dit : Moû éfans, gardas-voû bién dé véndré
Lou bé qué ïàü voû vàu léyssas ;
L'io un trésor cota[4], né voû dizé pas l'éndré[5],
Qu'éy à vàûtréïs dé lou cherchas.
Né réncuréz[6] pas vôtro péno ;
Viras tou san-déssur-déssous,
Cinquanto vé si fàu, voû trouboréz lo véno
Qu'à làs fis po voû randré hurous.
Jugeas si quéü discour lour mèt martéü én têto.
Lou pàï n'o pas putôt vira lou blan de l'èy,
Qué chacun dé îs sé fàï fêto
Dé fas jugas lou pi, lo tréncho màï l'aplèy[7],
V'àurias gu ploséï dé loû véyré
Moignas lo fourcho, lou râteü,
Lo palo, lou quîté sarcéü ;
Au foudrio véy vu pèr àu créyré
Coumo quéü bé fuguèt picha[8] !
S'y troubèt pas d'argén cocha ;
Mâs lo terro bién rémudado,
Bién fino, bién éycossounado,

---

(1) Donnons-nous du mouvement.
(2) Fainéant.
(3) Richard.
(4) Caché.
(5) L'endroit.
(6) Regrettez.
(7) Le soc de la charrue.
(8) Pioché.

Produiguèt dièy vé màï dé bla
Qué s'én guèz culi dé lo vito
D'íú-t-uno terro si pitito ;
Qu'éyro justomén lou trésor
Qué vio prouméy lou pàubré mor.

Proufitan toû, si noû soun sagéïs,
Dé l'éyzamplé dé quîs méynagéîx
É dé lo léyçou dé lour pàï ;
Mâs sur-tou n'àublidan jomàï
Qué lou trésor qu'un déü présas lou màï
  Qu'éy lou trobàï[9].

(1) Le travail.

Lo Fillo.

Uno dé quellas lèvo-nâz [1]
(Fillo coumo s'én manco pas)
Qu'éyro dîs lo flour dé soun agé,
Asséz jénto [2] dé cor é brâvo [3] dé vizagé,
(Boun-énvio dé sé moridas)
Vouillo chàusis càucu qué guèsso pèr partagé
L'éïmé, lo douçour, lo bounta,
L'hàunour é lo délicotesso ;
Dé l'omour é dé lo sogesso,
Dàù tolans, dé lo politesso,
Dé lo finesso,
Dé lo richesso,
Dé lo noblesso.
Lo lou vouillo sobén mâs séy êtr--éntêta
(Chàuso raro dîs quél-éyta),
Jàuné, jénté, bién planta ;
Én un mou, quello mijàuréo [4]
S'éyro fourado dîs l'idéo
Qué quéu qué sirio soun éypoux,
Né fusso ni fré ni joloux ;
(Rémarcas bién quellas douâ cliausas,
Lo lâs vouillo pèr-tan subré tout-àutras chàusas),
É l'y fouill-én un mou, lo perno [5] dàù golans.
S'én préséntèt dé pitîs màï dé grans,
Dé frïngans,
D'éylégans,
Toù bién richéîs, toù dé noblesso.
Mâs, fièro coumo no prïnçesso,

(1) Effrontéé, fière.
(2) Gentille.
(3) Jolie.
(4) Précieuse.
(5) La perle.

Lo préténtiü dé toû lo blesso ;
É, tundido [6] dé vonita,
Lo trobo quîs partîs tro chéïtîs dé méyta.
A mé?... Dàu mound-éntàü?... Coumén ! sé dissè-t-ello,
Crézén-t-îs bounomén qué perdé lo cervello?
No fillo coumo mé !... Mâs lo gén soun doun fàu !
  No domouéizélo coum-àu fàu
Pourio-lo s'ovézas [7] à d'un poriéy visagé?
  É lou trobé bién éyfrounta
  Dé mé parlas dé moridagé :
  Én coussïnço, co fàï piéta.
  Bref, pén l'iogrado [8] dis lo foulo.
Quéü-do-qui vio l'esprit pounchu [9] coumo no boulo,
  Quél-àütré vio l'èr d'un bodàü ;
  Dàütréîs lou nâz éntàü-éntàü.
  Qu'éyro toujour càüc-onicrocho,
  Car no précius-o dîs so pocho
Toujour càücas rosoù, dàumïn càüq-énchéizou [10]
  Quan l'o énvio dé dîré nou.
Opréz loû boû partis, sé présénten loû mïndréîs,
Quîs-quîs, lo loû foguèt viras coumo dàü guïndréîs [11] ;
  Lo n'én fogio soun éybotouéï [12].
  Ah moun-diü ! fàu plo qué sio bouno
  Sé dizio-t-ello, pèr né pas
  Lour borouillas [13] mo port-àu nâz !
Crézén-t-îs doun qué sio gâto [14] dé mo persouno ?
Diàumarcé, déychoqui moû jours soun séy éynéï ;
  Lâs nets dermé dé boun souméï,

(6) Gonflée.
(7) S'habituer.
(8) Agréé.
(9) Pointu.
(10) Prétexte.
(11) Dévidoir.
(12) Joujou, amusement.
(13) Fermer à verrou.
(14) Lasse, fatiguée.

Méimo n'àï pas pàu quan co touno,
Quoiqué soulo risé toujour.
Quîs séntiméns mé fan hàunour,
É qué né countan pas qué changné dé l'ingagé.
Éntré-tandi lo bello prén dé l'agé ;
Co sé counéy sur soun visagé.
Boun-séï-bouno-net loù golans.
Lo domour-éntàü doû-tréy ans.
A-lâs-fis lou chogrïn sé mèt dé lo partido ;
L'y toumbo càüco dén, l'y survèt càüco rido.
Lo préigno bé dàu far déycho lou cogouéï[15],
Mâs qu'éyro sur quéu viéy minouéï
N'émplâtré dé popiéz sur no chambo dé bouéï.
Lou tén, quéü viéy léyrou qu'o lo dén prim[16]-é duro,
L'y défigurèt lo figuro,
E l'y moutrèt qué so moursuro
Sé réparo pas sur lo péü
Coumo sur làs tours d'un châtéü.
Éntré sas viéillas déns, lo bello n'én murmuro,
Mâs soun miréï, quéü l'ingogéz,
Trénto vé pèr jour, têt-à-têto
L'y faï counéïtré lou dangéz
Dé domouras tanti-ménêto[17] ;
Au l'y di qué sé fogio tén
Si lo vouill-un piti tâtâs dàu sacromén,
Dé né pùs ranvouyas lo fèto.
Lo lou créguèt finalomén ;
É quello bello dégouignouso[18],
Tan préciuso, tan orguillouso,
Sé trob-à-làs-fis bién hurouso

(15) Le derrière du cou (17) Tata-dévote.
(16) Pointue.   (18) Dédaigneuse.

D'éypousas certén malàutru
Tou-t-éyviarla [19], tou biscornu,
Qué pêino dàu cartiéz n'ovio jomàï vougu,
Màï qué fuguèt lou bién véngu.

Quell-ovanturo éy oribado,
É quéü counté n'éy pas invénta pèr plozéï,
Car counéyssé màï d'uno fado
Qué s'én éy mordudo loû déïs.
Màs quell-histôrio noû fàï vèyré
Qué né fàu pas léyssas possas soun rén,
Quan-t-un lou trobo, l'un lou prén.
Tou marchan qu'o perdu so véndo,
É qué pèr fas lo countrébéndo
Émpluyo lou sé màï lou vèr,
Qu'appréigné bién quéü darniéz vèr :
Pèr tro soras l'anguillo, l'un lo pèr.

(19) Ereinté.

Lou Chat é lou Rénar.

Lou rénar é lou chat, coumo doû pitîs séns[1],
S'én novan én pélérinagé.
(Quan daû séns éntàü fan vouyagé,
Co n'éy jomàï à lours dépéns.)
L'un o souén d'éytribas[2] lâs poulas dàu vilagé,
L'aütré gamo[3] càüqué froumagé ;
Chàcun ràubav–à qui-mièr-mièr,
Is fogian un fricot d'anfèr ;
É quél-inoucén bodinagé
Imprimavo lours déns pèr-tou sur lour possagé.
Vou dàïfié[4] dé troubas un poréï[5] dé léyrous
Dé mièr ossurti qué quis dous.
Quant-t-îs fuguérén bién sodous[6]
Lou chomi qu'éyro loung lour poréy éynuyous.
Pèr l'éycourciz îs disputêrén,
Sé chamoillêrén,
S'éygàusillêrén.
Lo disput–éy d'un gran sécour
Dis lâs villas coum–à lo cour ;
Séy ello durmirias toujour.
Disputas éy no viéillo modo
Qué pèr daû délézéîs[7] siro toujour coumodo.
Opréz véy disputa,
Is parlén dàu prouchén,
Dàû ofas dé l'éyta
Màï dàu gouvernomén,
Toujour séy chorita

(1) Saints.
(2) Mener bon train.
(3) Escamote finement.
(4) Je défie.
(5) Une paire
(6) Rassasiés.
(7) Désœuvrés.

É séy discernomén,
Coumo fan ordinariomén
Forço gén
Qué n'éypargnén pas lo dépénso
Én politiq-én médisénço.
A-lâs-fis, nôtréis péléris
Sé critiquérén éntré is.
Tu crézèi, viéy moutou, to raço bién hobilo,
Sé vénguèt lou rénar au cha,
Pèr-mour[8] qué v'hobitas lo villo?
N'én sabé màï qué voû. Iàï cén tour dîs moun sa.
Mé n'àï mâs un dîs moun bissa.
L'y réypoun lou margàü, mâs quéüqui n'én vàu millo.
—Mànéï[9]. — Mâchiéï[10]. — Qu'éy fàu. — N'àï pas ménti.
Lour disputo n'én éyro qui
Quan no troupo dé chéïs-dé-chasso
Intéroumpérén lour discour.
L'omi, dissèt lou chat, chercho dîs to bésasso,
Chàusis l'y vîté càüqué tour,
É té couséillé bién dé prénéy lou méillour,
Aütromén garro to carcasso.
Pèr mé, té, véy, véyqui lou méü.
Én méimo tén àu grïmpo sur n'orméü,
Bién hàu, bién gros, bién fort, bién béü,
Pèr quéü mouyén sauvèt so péü[11].
Lou pàübré rénar pèrd lo têto,
Au court, àu vàï, àu vèt ; jomàï poriéro fêto
Né l'ovio to-bé déygourdi.
Au s'én fiü coumo n'éytourdi.
Au éntro dïn-t-un cros ; mâs gàïré n'y domouro ;
Au n'én changno dàumïn diéy-vé dïn-t-un quar-d'houro.

(8) A cause que.
(9) Mais non.
(10) Mais si.
(11) Sa peau.

Méytré brifàü é soù coufràï
Qu'ovian boun nâz, lou perdèrén jomàï.
   Au créü so vit-asségurado
   Én gaignan lou foun d'un terrier ;
   Au n'y fut pas qué lo fumado
   Vèt déliàuras lou préijounier.
   Doù chéis qué sobian lour méytiéz,
   Én lou ropan pèr lo courgniolo [12]
   L'y fan dausas lo carmoignolo.

   Tro d'expédiéns soun n'émboras
   Qué gâto souvén loù ofas.
A forço dé chàusis, lou méillour tén sé passo ;
   É pèr poudéy vénîs à bou
Dé gaignas tàu proucéz, dé prénéy talo plaço,
   N'io bién prou [13] d'un, màs qu'àu chio bou.

(12) La gorge.   (13) Assez.

Loû doû Omis

Dous boû omis restan àu Monomotapa,
S'éymovan dé boun-omita ;
Dé tou loûr sénfusquïn-îs fogian dé méyta.
Quan l'un vio càüq-énvio, l'àütr-àu vouillo d'ovanço.
Daû omis coumo co valén bé quîs d'én Franço.
Uno néit qué toû doû dermian, mâs coum-àu fau,
Un dé ìs tou-d'un-co sé réveill-én sur-sàü,
Sàuto d'obor dàu lièt-à-terro ;
Courguèt châs soun omi, hargnioux coum-un béü-frèro
Révéillo touto lo méïjou,
Domando soun omi qué, coumo dé rosou,
N'én guèt d'obor no fièro tranço,
Én so bourç-én lo mo à-court à soun ovanço.
Qu'éy co doun, moun omi? car à d'un hour-éntàü [1]
Tu n'as pas ovéza [2] dé quîtas toun oustàü.
Quàü molhur t'o pougu déyjéivas [3] si dobouro [4]
As-tu perdu toun argén à lo bouro?
Té, n'én véyqui, prén, prén l'éypargnias pas.
Aurias-tu trouba sur toû pas
Càüqué foquïn qué t'o chercha chicano?
Anén ! ïàü vàu prénéy moun éypéïo, mo cano,
Qu'àu sio diâblé, qu'àu sio démoun,
Qu'éy mé qué siràï toun ségound,
L'io pas qui dìré nou, moun or, moun sang ; mo vito...
Co n'éy ré dé tou co qu'o càusa mo visito,
Dissèt l'àütré, mâs ïàï réyba [5]
Qué ïàü té végi-émborossa ;

(1) A une heure comme celle-ci.
(2) Accoutumé.   (4) Si matin.
(3) Faire sortir du lit.   (5) J'ai rêvé.

Iàü sàï véngu m'éycliarzis dé lo chaüso,
É co n'éy mâs moun ràïbé[6] qué n'éy càüso.
   Sàï counténⵜ qué co né sio ré ;
Tourno-t-én dïn toun lièt ; mé m'én torné châz mé.

   Vou qué légisséz quell-histôrio,
Au quàü dàü doü boillorias-vou lo glôrio
   É lo palmo dé l'omita ?
   Lou problêmé vàu bé lo péno
   D'êtré tou-dé-boun médita.
   Pèr mé, no chaüso bién certéno,
   Qu'éÿ qué lou véritabl-omi
   Dàu cœur sèt troubas lou chomi,
Chercho nôtréïs bésouéns déychàu[7] foun dé nôtr-amo,
  Pèr noü servis, né crén ni fèt ni flamo ;
  É si, pèr noü, àu crén càüqué d'éyréy,
Un ràïb-un bru, un ré l'y càusén dé l'éynéy.

(6) Mon rêve.   (7) Jusqu'au fond.

L'Homé é soun Éymagé.

Un fodar qué s'éymavo forço
(màï qué subré quéü pouén n'ovio pouén dé jolous)
Dìs lo méülo¹ màï dìs l'éycorço,
Sé crégio bounomén lou pùs béü dàü garçous.
Chiàu sé végio dàü piàü dé jùnjo²,
Chiàu fogio lo cerr³-én soû éîs,
Chiàu vio lou nâz tou dé bigouéï⁴,
É dé lâs cillas⁵ dé vorouéï⁶,
Qu'éyro toujour lo fàüto dàu miréï⁷.
Co n'éyro mâs quello ménsùnjo
Qué fogio so béüta; so béüta soun plozéï.

L'hozar qu'éy souvén un boun méytré,
Un jour l'y vouguèt fas counéytré
Qu'àu éyro laid coum-un chonéï⁸
Màï pûs ôré qu'un chopitouéï⁹
Quîs counséilléz muets qué nôtrâs jàunas fillas
Counsultén, pèr lou mïn, trénto-vé toû loû jours,
Nôtr-homé n'én trobo toujours
Sous soû déîs màï dovan sas cillas,
Miréîs dìs so méyjou, miréîs châz soû omis,
Miréîs mouyéns, grans é pitîs,
Miréîs pèr mettré dìs lo pocho,
Miréîs pèr-ci, miréîs pèr-làï,
Miréîs châz loû séignours, miréîs châz lo bosocho.
Ah ! dissè-t-éü, iàü n'y téndràï jomàï !

(1) La moelle.
(2) Cheveux roux.
(3) La cire.
(4) De travers.
(5) Sourcils.
(6) Verroux.
(7) Miroir.
(8) Petit lampion pour l'huile de noix.
(9) Punis.

Quéü véyré manteur m'impourtuno.
Au s'én onèt cherchas fourtuno
Din càüq-éndré bién éycarta.
Quéü plan n'éyro pas màü jita
Pèr poudéy méytr-én sùréta
Tout à-lo-vé [10] so vonita
É so préténdudo béüta.
Mâs véyqui bé n'àütr-ovanturo :
No sourço d'àïgo viv-é puro
Vio qui fourma un superbé conar [11] ;
É l'argén n'éyro pas pü's cliar
Qué lou cristàü dé quell-éytancho [12].
D'obor nôtr-homé s'y véguèt,
So figuro l'éypàuriguèt [13].
Tan-qué-tan àu s'én fujiguèt,
Pèr sé cotas tras [14] càüco brancho ;
Mâs lou conar l'y plogio fort,
Vïnt vé pèr jour àu l'y tournavo,
Vïnt vé pèr jour àu s'y miravo ;
É chaco-lo-vé [15] s'y troubavo
Oré dé püs fort én püs fort,
Màï né vouguèt jomàï véy tort.

Quan ïàï chercha dïs mo mémôrio
Quello brâvo pitit-histôrio,
Qu'éy b-éyza d'ovinas énté vouillo véniz ;
Vàu v'àu dïr-ovant dé finiz.
Quéü count-éy tout expréz fa pèr chacun dé nàûtréïs.
Loû miréïs sount lâs sotizas dàü àûtréïs,
Noû n'y crézén jomàï véyré nôtré pourtrait,
Quoiq-àu s'y trobé trait-pèr-trait.

(10) Tout à la fois.   (13) Effraya.
(11) Canal.   (14) Derrière.
(12) Vivier.   (15) Chaque fois.

É quéü brâvé coñar énté chacun sé miro,
    Qué noû répouss-é noû otiro,
    Qué noû di tan nôtras varta,
    É qué n'éy jomàï éycouta,
    Qu'éy lâs foblas dé Lo Fountaino.
    Quéü tan béü libr-éy dévéngu
    Dé l'oungan dé mitoun-mitaino,
Qu'éy bou pèr toû loû màüs é né goris dégu.
    Toujours, pèr-tou, chacun lou vanto ;
Noû trobén, dizén-noû, so moralo charmanto,
    E nou lou volén toujours véï
    Dîs nôtras mas, soû nôtréîs éï,
Mâs qual-éy lou viéillar, lo fénno, lou méinagé
Qué quéü libré tan béü ayé randu pûs sagé ?
Hélas ! chacun dé noû l'y sé récounéï bé,
    Mâs dégu né prén co pèr sé.

Lou Dépositāri ïnfidél.

GRACH[1] -à lâs fillas dé mémôrio,
Déypéy loun-tén ïaï chanta dîs moû vèrs
Lâs bêtias dé tou l'univèrs,
(Béléü[2] ïaurio gu mïn dé glôrio
Si guéy chanta daù gros seignours)
Iaï fa véyré, presqué toujours,
Loù loûs coumo grans persounagéîs
Parlan aù chéîs dîs moû oubragéîs
Lou l'ingagé daù diùs à tor é à trovèr.
Mas bêtias fant, à qui mièr–mièr,
Toùto sorto dé persounagéîs,
Loù ûs faùs, loù aùtréîs sagéîs,
Dé monièro pèrtan (é cho di éntré noù)
Qué loù faùs sount loù pùs noumbrous.
Lo mésuro n'én éy toujours pùs assimado.
Iaï moûtra no lunj-énfilado
Dé troumpeurs é dé scélérats,
Dé tyrans, d'esclavéîs, d'ïngrats,
Daù ïmprudéns tan-qué-terro,
Daù sots, daù fats, daù flogourneurs,
Maï pourio bé dîré d'énguèro
No jodillado[3] dé manteurs.
Tout homé mènt, o di lou sagé.
Chaù vio di tan-soulomén :
Tout homé daù bas éytagé,
Sé pourias b-éyzadomén
Rénjas dé soun séntimén ;

---

(1) Grâce.
(2) Peut-être.   (3) Une grande quantité.

Mâs souténéï qué sur lo terro
   Toû méntént, gran é piti !
   Ah ! si càüq-àütr-àu guèsso di,
Mo-fé, ïàü créyrio bién qu'àu n'én àurio ménti.
Témouén lou boun Éyzop-é lou sobén Homéro ;
   Jomàï dàü manteurs coumo quîs
   Né sàurian possas pèr méntîs ;
   Lours méyssünjas⁴ sount vartodièras⁵,
   N'én dit pas qui vàu dé porièras ;
Lou libré dé chacun, dé toû téns tan vanta,
   Duroro n'éyternita.
   Mâs n'én éy pas tou dé mèïmo
   Dé quéü manteur qué sé mèïmo
   Un jour boillèt, séy s'én doutas,
   Lâs verjas pèr sé fas fouéytas.
   Quéü-do-qui n'éyro mâs no luro ;
   Voù volé countas l'ovanturo,
       L'éy drôlo tout-o-fait.
   Véyqui lou fait :

Un marchan én partén pèr càüqué gran vouyagé
Nèï préjas càüq-omi dé dîs soun vésinagé
   Dé l'y gardas nas cént liàuras⁶ dé fèr
       Déychio⁷ qu'àu véndrió dé sur mèr,
       Ént-àu fogio l'opréntissagé.
Moun fèr ! sé dissè-t-éu quant àu fuguèt tourna.
Vôtré fèr ? dissèt l'àütr-én soun èr counsterna,
   Ïàü sàï plo fâcha dé v'àu dîré,
   Mâs loû rats lou vànt tou mïnja,
   Vizas si fàu êtr-énroja !
   Quéü molhur mé foguèt gro rîré,
   Bouconèi touto lo mèïjou,

---

4) Mensonges. (6) Cent livres.
5) Qui disent la vérité. (7) Jusqu'à ce que.

Vouillo méimo, léy-doun, chossas lo chamboriéro ;
   Mâs tou lou moundé guèt rosou.
Vou méimo sobéz bé qué préz dé lâs goutiéras,
    Quouéy lo bézi[8] qué lâs rotiéras.
    Dîn loû groniéz loû mièr boras
    L'io toujour càüquéîs cros dé rats.
Lou marchan dèïtoumba[9] foguèt sémblan dàu créyré,
    É dissèt tou-bas : foudro véyré
    Si né poudràï pas véy moun tour.
   Au trob-én-éifet, un béü jour,
Lou méynag-éycarta dé soun dépositâri ;
    Au n'én foguèt *dégoulinári*[10].
   Apréz co s'én nèt couvidas[11]
      A soupas
   Lou pàï, coumo si dé ré n'éyro.
   Quéü pàübr-homé cujèt[12] fas terro
   Dàu méinagé qu'àu vio perdu.
Dé châz vou, dissè-t-éü, màï d'oillour sàï véngu
N'àï gro, pèr lou ségur, ni mïnja ni bégu,
   Déypéy qu'àï perdu moun ménagé ;
  N'ovio mâ quéü é càücu lou m'àn gu,
   Quérèiqué[13] dîs lou vésinagé.
   Moun omi ! n'occuséz dégu,
Sé dissèt lou marchan ; plagné vôtr-înfourtuno,
    Mâs hièr-àu-séï sur lo bruno
    Mé méym-àï vu lou chovan[14]
    Qué n'émpourtavo vôtr-éfan
    Vèr quellas viéillas mozuras.
A dàütréîs, dit lou pàï, nas countas quellas luras ;

---

(8) Peu de chose.
(9) Stupéfait.
(10) Il l'enleva furtivement.
(11) Inviter.
(12) Faillit.
(13) Apparemment.
(14) Le chat-huant.

Dïn quété poyis loû chovans
N'émpourtén pas daû dróléîs dé douj-ans ;
É vou vou séz léva tro tar pèr m'àü fas créyré.
— Mâs vou dizé qué îàü àï vu,
É mérité d'esséy crégu ;
Màï mo-fé vou forio béü véyré
Doutas qué loû chovans émpourtén loû pitîs,
Dïn-t-un poyis
Énté lâs bètias soun si fortas ;
Pèr-qué loû rats daû golatàüs [15]
L'y mïnjén lou fèr pèr quïntàüs.
Nôtr-homé, pèr lou co, coumprénguèt quéü lïngagé,
L'un ramboustièt [16] lou fèr é l'àütré lou méinagé.
Lou càü daû doû fuguèt lou pûs counten ?
Noû véyran co dïn-t-un momén.

Pèr-qué noû parlén dé vouyagéîs,
Véyqui doû aûtréîs persounagéîs
Dé lo coufriéro daû manteurs.
L'un éyro dé quîs grans hableurs
Qué vézén tou én-d-uno loupo.
Is àuvirian dé louén no fermi qué galoupo.
Tout éy gran pèr ìs,
Is counéyssén toû loû poyîs ;
A loû àuvîs [17],
Én Uropo, coum-én Ofrico,
Loû liouns s'y trobén à fouéïzou.
Dîs soun éisséz [18] dé féür-hyperbolico,
L'un dissèt : îàï v'un chàü [19] pûs gros qu'uno méïjou ;
L'àütré l'y dissèt pas nou.

(15) Galetas.
(16) Regorgéa.
(17) A les entendre
(18) Accès.
(19) Un chou.

Mâs tan-qué-tan l'y réplico,
Mâï qu'éy plo càücoré dé fi!
E mé doun qu'àï vu un toupi
Pûs gran qu'uno basilico.
Mâï dé-ségur pas-dé-piti.
Lou prémiéz sé mettèt dé riré
Quan véyqui l'àütré dé l'y diré :
Quéü toupi vio éyta foundu
Expréz per fas bulís lou chàü qué v'ovéz vu.

L'homé au toupi fuguèt risiblé,
Mâs l'homé dàu fèr fuguèt fi.
Én lour éyzamplè qu'éy poussiblé
Dé vou ténéï pèr overti.
Si càüqué gran bovar vou counto
Càüco grando déyrosiü ;
Pèr lou fàïr-énrojas tou viü,
Lo l'y countestéz pas ; mas pèr l'y fas bién hounto,
A vôtré tour dijas n'én piéï,
A bovar, bovar-é-démiéï.

Lou Moûniéz, soun Fils é l'Ané.

Un jàuné drôlé dé quïnz-an
É soun pàï lou moûniéz qué n'ovio cïn vé tan,
S'én onovan véndré lour âné.
Dé pàu qué lour bêtio s'éïkâné¹
A forço d'ovéy marcha,
É qu'àu chio tou-t-éyrancha²
Én oriban àu marcha,
Is l'y metten loû péz én liasso,
É, séy coumporosou, is lou pourtén tou-viü
Coumo qui pourtorio no chasso
Un jour dé grando proucessiü,
Dis l'annado dé l'osténsiü.
Pàübréïs champalimàüs! Dìs lou prémiéz qué passo,
Lou pûs âné dé vàûtréïs tréîs
N'éy pas dé-ségur quéü qu'un pénso,
Lou diâblé vou sècho loû déîs!
Lou moûniéz counéguèt léy-doun soun ignorénço
É séntiguèt lou déyplozéï
Dé pourtas no salo bourico
Coumo qui porto no rélico.
Tan-qué-tan véyqui l'ân-à-bas.
Au s'én plénguèt dìs soun parlas;
Qu'éyro, sé digio-t-éü tou bas,
Pûs brâvé dé sé fas pourtas
Qué dé troutas.
Mâs lou moûniéz n'én ténguèt pas dé counté,
Méim-àu vàu qué soun drôlé mounté.
Pèr sé doréï, trimavo dé soun pèt
Quéü viéy crégio bién fas, d'énguêr-àu sé troumpèt.

(1) S'éreinte.   (2) Boiteux.

Tréy marchans qué pèr ovanturo
Possovan bellomén[3] àu-pèt[4].
Vézéz-vou quello grando luro
Sé caras sùbré quéü sàumet,
Péndén qué lou viéy[5] vàï d'à-pèt !
N'éy-co pas, disén-t-îs, lo pûs cruell-injuro
Qu'un pèché fàïr-à lo noturo ?
Quéü béü moussur o bésouén dé mounturo !
Màï mo-fé noû t'én boilloran
Én-d-un locàï à barbo grîso !
Sàut-à terro tan-qué-tan[6].
Lou pàï qu'o pàu dé càüqué crîso,
Lour dit : Messieus, voû fâchéz pas,
Noû voû volén bé counténtas.
Véyqui doun lou pàï dé mountas.
Au n'oguèt pas fa trénto pas,
Qu'îs s'én van réncountras tréy fillas.
— Vizas chàuplas quéü viéy motou
Qué crébo quéü jénté garçou,
Qu'o déijà bésouén dé béquillas ;
Péndén qué quéü viéy sopojou
Sé câro tou-sou séy scrupulo
Coumo lou pâpo sur so mulo.
Éyvénla[7] subré soun ponéü,
Vizas coum-àu fàï lou védéü[8] !
Màï d'énguêr-àu créü ésséy sagé ?
— N'io pûs dé védéü à moun agé,
Sé dissèt lou viéy tou trébla,
Vàu dizé tou-pur é tou-pla,
Grandas brïngas[9] ! dounas-voû gardo
Sénté déijà qué lo moutardo...

(3) Presque.
(4) Auprès.
(5) Le vieillard.
(6) Sur-le-champ.
(7) Etendu.
(8) Le veau.
(9) Courantines.

Mâs lâs l'y borêrén lou bèt
Én chacuno soun colibèt.
Au répoundèt, lâs répliquêrén ;
Au sé fâchèt, lâs sé fâchêrén ;
Lâs l'éytudïngnêrén [10] si for
Qu'àu chobèt bounomén pèr créyré d'ovéï tor.
Au fàï mountas soun fils én croupo.
Mâs véyqui bientôt n'àütro troupo
Qué loû trato mâs coum-àu fàu.
— Moun-diü ! quello gén sount fàu.
Fàut véy lo coussïnço plo larjo !
Quél-âné n'én po pùs, àu pléjo sou so charjo.
Is van én féïro, mâs béléü [11]
Co n'éy mâs pèr véndré lo péü
Dé quello chétivo mounturo.
Lou moûniéz dé quél-ovanturo
Déybriguèt loû éîs tou-d'un-co.
Ah ! dissè-t-éü, co n'éy mâ co ?
Bouéy fouillo qué fuguéï bién so
Dé vouléï plàïr-à tou lou moundé,
Iàü viàuràï coumo mé pléyro,
É si l'io càücu qué n'én groundé.
Pèr mo fig-àu sé grotoro.

N'éycoutan jomàï lo lïngo
Dàû délézéîs ;
Is trouborian toujour ofàs sur un'éypïngo,
Qu'éy lour plozéîs.
Pèr n'én counténtas un, foudrio déyplàïr-à catré,
Màï béléü chobas pèr sé battré.
Làïssan dîré, fozan lou bé,
Lâs lïngas sé téïzoran bé.

(10) Abasourdirent.   (11) Peut-être.

Lou Trésor é loû doû Homéïs.

Un homé n'oyan pûs ni crédi ni ressourço,
Qué vio, pèr counséquén, lou diâblé dis so bourço
   Co vàu diré qué n'y vio ré),
   Vio talomén lo pàu àu véntré
   Dé muriz dé fan àu dé sé,
   Qu'àu dissèt : Fàut qué m'ané péndré,
   Car m'oriboro càucoré.
   Au chàusîs no viéillo mozuro
   Pèr théâtré dé l'ovanturo.
   Au sé muniz d'un boun sédou
   Én-d-un propé cliàu dé lambourdo ;
Séy ré dir-à dégu, prén so lanterno sourdo,
   Oribo sur lou tar vèr lo viéillo méïjou,
   É d'uno mo bién résoludo ;
   Au cougn-à grans co dé martéü
Soun gros cliàu dîs lou mur qué n'éyro pas nouvéü.
   Dé lo prémièro sécoududo
   Véyqui qué lou mur éybercha
Toumb-avé-qu'un trésor qué l'y éyro cocha.
   Nôtré désespéra lou masso
     Séy s'omuzas
     A lou countas,
L'émporto vitomén é vou pàus-én so plaço
   Soun cliàu, soun martéü, soun liocàu.
   Lou méytré dàu trésor oribo,
   Au jur-àu crédo coum-un fàu,
Au vouleur ! àu sécour ! Màs piü ! dégu n'oribo.
   Coumén ! sé dissè-t-éu, siràï dévolisa
   Dé tan d'or qu'ovio qui pàusa,

Qué fogio touto mo fortuno !
É né mé péndràï pas ?... Moun armo ! si foràï,
Aubé dé cordo mancoràï.
Mâs pèr boúnhur n'iovio qui uno,
Car lou vouleur vio tou prévu :
N'y mancavo mâs lou péndu.
L'avaré n'én foguèt l'officé
(D'énguèras bién hurou pèr sé
Qué lo cordo l'y coutèt ré).
Fourtuno ! qual-éy toun copricé ?
N'ioguèt ré dé perdu ; argén, péndu, liocàu
Tou fuguèt ploça coum-àu fàu.

Quàü léïçou podén-noü tiras dé quello fablo !
Qué lo fourtuno n'éy pas fiablo.
Soü copricéïs sount danjéyroü ;
Souvén quan lo noü ri lo sé mouco dé noü.
Quan quell-ïngrato vàu véyré n'homé sé péndré,
Vou podéz dîré qu'éy ficha,
Fàudro qu'àu chio péndigouilla,
Lou pàübr-homé o béü s'én défèndré:
Mâs bién souvén qu'éy quéü qu'éy lou péndu
Qué s'y dévio lou mïñ atténdré.
Lou boün-diü o éntàü vougu ;
Tan créü êtr-én pa qu'éy én guerro ;
Vou né trouboréz sur lo terro
Ré dé ségur nou-mâs-kan lo vertu,
Quello-qui né troumpo dégu.

Loû Mémbréïs é l'Ertouma.

Au dévio, pèr lo royàuta,
Ovéy couménça moun oubragé.
A lo vizas dàu boun coûta,
Nôtré péïtràü[1] n'én éy l'éymagé ;
Chàu o càüqué déyrèi[2], tou lou cor s'én ressé
Un béü jour, countré sé, loû mémbréïs sé pouffèrén[3] ;
Par saromén îs s'éngogèrén
Dé viàüré toû bourjézomén.
Pardi ! noû sount dé grandas luras[4]
(Sé dissèrént-îs bêtiomén),
Dé noû boillas tan dé tourmén
Pèr préporas lâs farciduras[5]
Dé quéü moussu *rôjo-boun-tén !*
Oh ! fàu qu'àu gaigné so journado
Au qu'àu vivo dé l'air dàu tén,
Qu'éy no chàüso bién décidado ;
É quetto-vé n'àn préï nôtré parti.
Maï fitén bién coum-îs vian di.
Loû véyqui doun toû qu'àn lo louéyno[6],
Lâs mas né volén ré pûs fas ;
Lâs déns né volén pûs màchas ;
Loû péz, plantas coumo no bouéyno[7],
Réfuzén netté dé marchas.
Qué l'ertouma n'ano cherchas
Sé méimo dìs lo mïnjodouéyro[8],
Aubé qu'àu bufé so pédouéyro[9],

(1) Estomac.
(2) Dérangement.
(3) Se piquèrent.
(4) De grands imbécilles.
(5) Les hachis.
(6) Engourdissement.
(7) Borne.
(8) Garde-manger.
(9) Qu'il souffle sa vessie.

Dissêrént-ìs toù à lo vé.
Mâs, bién-tôt ìs bisquêrén bé :
Déypéy l'énsèï [10] ìs languiguêrén,
É lou léndémo counéguêrén
Qué quéü quîs crégian poressoù,
Troboillavo lou màï dé toù ;
É qué lou sang qué coulo dîs las vénas,
N'éy mâs-kan lou fruit dé sas pénas ;
Qué s'ìs né volén pas muriz
Is sount viras [11] dé lou nuriz.

Co-qui po s'opplicas à lo grandour royalo ;
Lo baillo màï lo prén ; lo châüs-éy tout éygalo,
Si noù troboillén pèr lou Réï
Au noù counservo nôtréîs béï,
É si noù l'y payén lo taillo,
Pèr noù nèit-é jour àu troboillo,
Au payo loù soudars, protéjo lou marchan,
É lou bourjéï màï lou péyzan
N'àurian soulomén pas uno quîto frétisso [12]
S'iàu lour randio pas lo justisso.
L'Éyta nùriz lou Réï ; lou Réï soutèt l'Éyta ;
Qu'éy un randu pèr un préyta.

(10) Depuis le soir même.
(11) Ils sont forcés.   (12) Du pain noir frotté d'ail.

Lou Drogou à plusiéurs têtas é lou Drogou à plusiéurs couas.

Un émbossodour à turban
Qu'éyro né-sàï-kan¹ boun-éfan,
Mâs sur-tou boun mahométan,
Vantav-un jour à lo cour d'Allémaigno
Lâs grandas forças dàu Sultan,
Coumo châz noû un boun péyzan
Vanto soun blodiü, so châtaigno.
L'aiglo doun, coumo dé rosou,
N'éyro ré én coumporosou
Dé lo couéifuro mal-hàunêto
Qu'un Sultan porto sur so têto.
Un Alléman qué l'énténdèt
Tan-si-pàü³ s'én fourmolisèt,
É, crézén l'y boras lou bèt,
  L'y dissèt :
Nôtr-Ampérour éy pûs for qu'un né pénso ;
N'o fàü pas dîs so dépéndénso
No jodillado⁴ d'éylétour,
Doun chacun fichorio lou tour
Sé tou-soû à no grand-armado
Bién nûrido, bién coumandado ?
Iàü sabé, réypoundèt lou Tur,
Qué vôtr-Ampérour tapo dur ;
Mâs soû éylétours é so glôrio
Mé fan souvénîs d'un-histôrio :
Léyssas m'un pàü lo vou countas,
L'éy ancrado dîs mo mémôrio,
Pèr Mahomét ! vou l'y podéz countas.

(1) Tant soit peu.
(2) Blé sarrazin.
(3) Tant soi peu.
(4) Une quantité considérable.

Dé-ségur co n'éy pas no-oraco.
Un jour ïéro dîs no boraco,
Vézé véniz un grô serpén
Bién têta, car àu n'én vio cén :
Au véigno tou–dré vèr mo lojo ;
Sungniav–à fas Jaqué-déylojo.
Déijâ n'iovio pûs éntré noû
Mâs-kan [5] no gorcé [6] dé bouéissoû
  Éypinoû ;
Quellas cén têtas l'y possérén.
Dé couléro toutas piàulérén [7] ;
(É guéssas [8] di qué Lucifèr
  Dîs l'infèr,
Aû dannas boillavo councèr.)
Quan lâs véguéï tràucas [9] l'éypinas,
Ah ! disséï, gâro mas molinas [10] !
Toû moû ôs fogian bré-dïn-dïn
(Moun-armo ! àurias bé pàu dé mïn).
Aussi n'én guéz no fiêro transo.
Iàu séntio grélétas mo panço,
Moun sang vèt fré coumo dàu glia [11],
Moun émbouni [12] vèt tou mouilla.
Mâs mo pàu dé quello barboto
Fuguèt no pàu dé Doun-Quichoto.
Hurousomén qué l'animàu
Né pouguèt pas fas d'àutré màu,
Quellas cén têtas qué possérén,
L'uno dîs l'àutro s'émbranchêrén ;
Dé-çàï–dé–làï toutas tirêrén ;

(5) Seulement.
(6) Une haie.
(7) Sifflèrent.
(8) Vous eussiez.

(9) Traverser.
(10) Mes culottes.
(11) De la glace.
(12) Nombril.

Mâs lâs guêrén béü tirgoussas [13],
Coumo lâs s'ocourdovan pas,
Jomàï ni cor ni couo né pouguêrén possas.
Rèibossavo [14] sur l'ovanturo
Qué mé vio frunci [15] lo frézuro,
Quan tou-d-un co, vèr lou méimo bouéissou,
Vézé véniz n'aütré drogou
Qué vio cén couâ sur uno têto soulo ;
Quello têto possèt, mé déybriguèt no goulo
Lo pûs toriblé qu'àyé vu.
Quan lou chomi fuguèt bottu
Tou lou resto filèt màï-màï si n'iovio gu,
Cé qué mé foguèt plo possas l'énvio dé rîré.
Auro coumprénéz-vou cé qué vou vouillo dîré ;
Quîs doû serpéns sount lou tobléü
Dé vôtr-Ampérour é dàu méü.

Quéü counté n'éy pas no potofio [16],
Chacun pràïcho pèr so porofio [17],
É pèr tou poïs chaq-àuzéü
Én fèt dé nid, trobo toujour lou séü
Lou pûs béü.
Quéü count-éy plé dé politico,
É touto grando républico
L'y trobo no fiêro léyçou.
Sur un vêisséü, dîs no méïjou,
Dîs no villo, tan chio lo grando,
Quan tou lou moundé l'y coumando,
Né sochan àu càü àuboïs,
Lèy-doun lou cor né po pas mancas dé potïs.
Parlas-mé dîs n'éyta, dé véy no bouno têto,
Lâs couâ séguén qué lo témpêto [18] !

(13) Tirailler.
(14) Diminutif de rêver.
(15) Racorni les boyaux.
(16) Une baliverne.
(17) Paroisse.
(18) Que le diable.

Lou Chat, lo Béletto é lou piti Lopïn.

Dis loû bos dàu Péy-Mouliniéz[1],
Certén piti lopïn, no bello mandinado[2],
Éyro sorti dé soun clopiéz
Pèr s'én nas cour-à lo rousado[3].
Chacun sait-bé qué lou lopïn
Aïm-à broûtas lo chàucido, lou tïn
D'obor qué l'àuror-éy lévado,
É qu'àu né manco pas dé nas faïré so cour
A modamo l'àubo dàu jour.
Quéü-qui dèijèiva[4] bien dobouro,
N'ovio léyssa dégu pèr gardas so domouro ;
No béletto s'én emporèt,
Mâs gàïré lo n'y domourèt.
Vou vàu countas quell-ovanturo.
Quan lou lopïn, sur lo verduro,
Guèt prou trouta, sàutica, brouta,
Tourna, vira, tâta, grota,
Au s'én torno dîs so goréno ;
Mâs Jono Lopïn bién én péno
Quan-t-én oriban dîs lou bos
Au vou vàï troubas dîs soun cros
No béletto qué vio lo têt-à lo pourtièro,
Éyfrountado chàuplas coumo no régotièro[5].
— Qué fas-tu qui, modamo àu nâz pounchu[6]?
T'én vàu tiras... M'énténdéz-tu ?

---

(1) Château près de Limoges, sur le bord de la Vienne, environné de bois abondants en lapins.
(2) Matinée.
(3) La rosée.
(4) Sorti du nid.
(5) Revendeuse.
(6) Pointu.

Anén ! domouéïzéllo béletto,
Séy pîfré, tambour ni troumpetto,
Prénéz lo poudro d'escampetto.
Qu'éy qui châz mé ; é fichas-mé lou can
É qu'hourà[7] ? tout-hàuro ; é vîté tan-qué-tan ;
Au-bé vàu overtiz toù loù rats dàu vilagé
Qué vou déménoran vôtré jénté coursagé.
    Mâs lo modam-àu nâz pounchu
    Countestèt soun dré préténdu,
    É l'y réypoundèt qué lo terro
    Appartéig-àu prémiéz véngu.
(Vizas m'un pàu lou béü sujèt dé guerro
    Qu'uno méïjou dé lopïn
    Enté n'io vio ré dédïn,
É fouillo nas dé catré pàutas
Pèr poudéy possas sous làs vàutas !)
    Mâs quan s'ogirio d'un éyta,
    D'un royàumé, sé-dissè-t-ello,
    Dijo-mé piti soléta[8]
Qué fas tan dé soba pèr uno bogotello,
    Dijo-mé, voudrio bién sobéï
    Pèr càu décret, pèr callo léï
    Co toumbèt d'obor àu poudéï[9]
    Dé Pierré, dé Jan, dé Françéï,
Dàu fillàu dé Mothiü, dàu péyri[10] dé Panchéï,
    Pûtôt qu'à mé àu càücu dé mo raço ?
Jan Lopïn resto court, l'argumén l'émboraço.
    Au rumin-un piti momén,
    Apréz l'y réypoun fiéromén :
    Qu'éy lo coutümo, qu'éy l'usagé ;

(7) Et quand.
(8) Petit insolent.
(9) Au pouvoir.
(10) Du parrain de François.

Déypéï trént-ans, dé pàï én fils
Noû sount méytréïs dé quéü lûgis,
Mo réïno-grando-màï[11] l'y vio fa soû pitîs ;
Toujour moû ounclieîx, mas tantîs
Din quéü bos sount véngus bâtîs,
É tu m'én foras pas surtîs.
Aubé-dé-tou té déyvisagé...
A qué boun fas tan dé topagé,
Dissèt lo bélett-àu lopïn,
Iàü té créjio pas tan mutïn.
Mâs té, vou-tu possas àu dîr-à l'arbitragé
Dé moussu Rominagrobis,
Lou pûs sobén dotour dé quétté poïs ?
(Qu'éyr-un chat dé rénoun, dévot coûm-un harmito,
Un sént-homé dé chat, no bouno chatomito
Bién foura, bién dôdu, bién gras,
Arbitr-expèrt sur toû loû cas).
Volé bién, dit Jono, un tàü jugé m'ograđo.
Loû véyqui toû doû oribas
Dovan so mojesta fourado ;
É toû doû, hor dé so pourtado,
Is couméncovan lours débats
É fogian dàu bru coumo catré,
Guéssas dit qu'îs sé novan battré.
Mâs l'hobilé grippominàü,
Én rouflan coumo lo pédalo
Dàü orguéïs d'uno cothédralo,
Lour dissèt : Moû éfans ! crédas un pàu pûs n'hàut,
N'àuvirias ré dîs quello grando salo ;

(11) Ma bisaïeule.

7.

Aubé prèimas-voû ¹² màï dé mé ;
L'agé m'o randu court d'àureillo :
Màs tou-poriéy ïàü volé bé
Décidas vôtr-ofas séy lo mïndro boreillo ¹³.
Prèimas, prèimas-v-oun pàu toû doû
Qué pêch-àuvis ¹⁴ vôtras rosoû.
Quîs doû èybêtis s'oprouchêrén ;
É toû doû s'én répéntiguérén :
Car quan prou préz dé sé nôtré motou loû sén,
Pifo, pafo, màs lestomén
Jittan dàû doû coùtas lo griff-én méimo tén,
Au loû gob-é jujèt lour proucéz én sas dén.

Quello léiçou n'éy pas nouvello :
É toû loû pitîs réy-béïnéîs ¹⁵
Qu'àn vougu chàusîs dé grans réîs
Pèr arbitréîs dé lour corello,
Ant toujour choba toû éntàü ¹⁶
Pèr tropas càüqué co dé pàüto ;
Màs tan-piéï pèr îs, qu'éy lour fàüto ;
Qué fozan coumo mé ; qué restan dé répàü.

(12) Approchez-vous davantage.
(13) Chicane.
(14) Que je puisse entendre.
(15) Roitelets.
(16) De même.

Lo Pissorotto é lâs douâz Bélettas.

L'iovio no-vé no pissorotto[1]
Qué sé couiguèt[2] coumo no sotto
Dìs l'oustàü dé soun ennémi,
Iàü volé diré dîs lou ni
Dé càüco certéno béletto,
Qué n'éymavo pas lo souri.
D'obor qué lo véü lo pàübretto[3]
Lo l'y dissèt : Qué fas-tu qui[4] ?
Coumén ! couquino quan to rasso
    Nèt-é jour mé baillo lo chasso,
    Toujour é pèr-tou mé trocasso,
    T'àuzas poréïtré dovan mé ?
Né séz-tu pas souri? tan-qué-tan noumo-té,
    Tàu séz[5] lo chàüs-éy cliar-é netto,
    Aubé né sàï pas béletto.
Modam-escusas-mé ; iàü n'àï jomàï éyta
    Ni né siràï dé quél-éyta,
    L'y réypoundèt lo prèïjouniêro[6] ;
É dé-ségur vou séz bién lo prémiêro
    Qué m'ayo vougu fas lou tort
    Dé mé mettré d'un si bas bord ;
Co n'éy mâs dàü méychans qué v'ànt fa quell-histôrio
    Grachi-àu boun-diü, iàü mé fàu glôrio
    D'esséy n'àuzéü[7] é dé voulas
    Én mâs douâz âlas, vizas-lâs :
    Dìs loû groniéz, sou lâs ralettas[8]
N'àï diau-marcé[9] jomàï chogrina lâs bélettas,

(1) Chauve-souris.
(2) Se fourra.
(3) La pauvre petite.
(4) Que fais-tu là ?
(5) Tu l'es.
(6) Prisonnière.
(7) D'être un oiseau.
(8) Sous le faîte de la maison.
(9) Dieu-merci.

N'àï pas l'esprit si dé trovèr,
Vivo loû hobitans dé l'èr !
Quello rosou poréguèt [10] bouno ;
Aussi lo béletto l'y douno [11]
Lo liberta dé s'én onas [12] ;
Màï lo proumettèt bién dé n'y jomàï tournas.
    Mâs dous jours apréz l'éytourdido,
Pèr lou méimo sujet fut d'énguêr-éypaurido [13].
    Sé couigno lo pas dé nouvéü
    Châz n'àùtro qué pèr loû àûzéüs
    Vio n'oversiü bién décidado ?
    Jujas si l'éyro bién toumbado ;
    É quell-hôtess-à loun muséü
Lo navo grignotas én colita d'àuzéü.
    Mâs nôtr-bobilo pissorotto
    Porèt d'énguéras [14] quello botto.
Mé ! n'àuzéü ! dissèt-lo ; bouéy [15] vou n'y pénsas pas.
    Vizas-mé bién dàu hàut-én-bas,
Qu'éy-co qué faï l'àuzéü ? n'éy-co pas lou plumagé ?
    Vou mé forias un gran outragé
    Dé mé rénjas soû loû dropéüs
        Dàû àûzéüs ;
    Iàü détesté quello conaillo
    Màï tout-espesso dé voulaillo ;
    Sàï no souri ; vivo loû rats !
    E lou diâbl-émpourté loû chats !
Én quîs doû juroméns, quello doublo counduito
    Lo sàuvèt bién douàz vé so vito.

    Quan vézén-nou d'hàunêto-gén
    Pissorottas pèr dé l'argén ;

(10) Parut.
(11) Lui donne.
(12) De s'en aller.
(13) Transie.
(14) Encore.
(15) Mon dieu !

Is sount à piàü[16], is sount à plumo.
Au séï-d'ané qu'éy lo coutumo,
Châz loû grans màï châz loû pitis
Dé juras fàü é dé méntis,
E pèr véy lo pa, lo possïnço,
Dis lou moundé, dis lour coussïnço,
Is praïtén saromén aû homéïs, aù boun-diü,
Coumo qui praïtorio no coupo dé blodiü.
Manteurs coumo dé bellas chouéytas,
Vou loû vézéz viras coumo dé lâs girouéytas,
Tantôt dovan, tantôt doréy.
Co n'y mâs l'ïntérêt qué fàï lour politico.
Vou loû àüvéz crédas ané : vivo lou réï!
Si l'éyta vio càüqué d'éyréï[17],
Is crédorian démo : vivo lo républico!
Lour dévis-éy : sàüvo qui po!
Angléïs pèr dé l'argén é Françéïs pèr dàu po.

(16) A poil.   (17) Bouleversement.

Lou Péyzan é lou Serpén.

Ezopo counto¹ qu'un péyzan
Tro choritabl-é pas prou sagé,
Un jour d'hivèr, sé perménan
A l'éntour dé soun bourdéragé,
Vàï véyr–un gros serpén sur lo néü² éyténdu
Merfié³, jola, rédé, perdu,
Qué n'én vio pas pèr un quart-d'houro.
Dìs so panto d'hobit, quéü boun-homé lou fouro,
Dàûtréîs dizén din soun parpàï⁴,
Mas pèr mé n'àu créyràï jomàï;
Uno chàüs-éntàü pèr lo créyré
Aurio dàumïn vougu lo véyré.
Mas chio-qué-chio⁵ nôtré bourdiéz
Lou n'émporto dîs soun foujéz⁶,
Lou pàüz-àu pèz d'un gros brâgéz,
L'éytén, l'éychàüro, lou gourino
É sou lou véntr-é sur l'éychino;
Én-d-un mou, fàï to-béü-to-bé⁷
Qu'àu l'y fàï bién tournas lo lé⁸.
Un serpén, quant-àu réssussito,
Réprén so coulêr-én so vito.
Quan quéü-qui sé véü ropiola⁹,
Qu'àu sé sént bién révicoula¹⁰,
D'obor au léiv-un pàü lo têto,
Piàülo, s'éytén, sé tort, s'arrêto,

(1) Raconte.
(2) Sur la neige.
(3) Engourdi par le froid.
(4) Entre la chemise et la peau de l'estomac.
(5) Quoi qu'il en soit.
(6) Foyer.
(7) Si beau, si bien.
(8) La respiration.
(9) Rétabli, rattrapé.
(10) Réconforté.

É prén soun éylan [11] pèr sàutas
A quéü qué né vèt mas dé lou réssussitas.
Chéyti! dit lou bourdiéz, véyqui doun moun solâri!
Tu merras quetto-vé [12]; àu prén tras soun ermâri [13]
No gibo [14] qué d'obor l'y toumbo sou lo mo,
  É fàï tréy serpéns dé dous co,
   Lo têto, lou trounçou, lo couo.
  Quîs tréy tros d'obor sàutillovan [15],
  V'àurias [16] dit mo fé quîs cherchovan
   A sé poudéy tourn-émpéütas [17] :
Mas pèr én-féit dé co n'iovio pûs ré-t-à fas.

  Qu'éï plo béü d'esséy choritablé!
   N'àïmé gro quîs qu'àn lou cœur dur :
   Mas bé fàut qu'esséy bién ségur
Pèr né pas fas n'îngra én sàuvan un coupablé!
Au séï-d'ané, trouborias forço gén
   Qué forian coumo lou serpen ;
Qu'éy quîs-do-quîs qué moun counté régardo ;
   Lour àu dizé, quîs préignans gardo.
    L'îngrotitud-éï un pécha
Qu'un payo tôt-àu-tar, màï pûs char qu'àu marcha.
Tout homé sur qu'éü pouén, qué sé randro coupablé
Né po jomàï manquas dé muriz misérablé ;
  É chias ségur qué lou boun-diü
  L'iàu foro poyas mor-àu-viü.

(11) Essor.
(12) Cette fois.
(13) Derrière son armoire.
(14) Un volant.
(15) Diminutif de sauter.
(16) Vous eussiez dit.
(17) Enter, rattacher.

Lo Fenno néjado.

Au ne sàï pas dé quîs qué dizén, *co néy ré* [1]
Co n'éy màs no fenno néjado [2].
Pèr mé dizé qu'éy càücoré [3] ;
É dàumïn no fenno vàu bé
Lo péno d'esséy régrétado,
Pèr-qué lo fàï nôtré plozéï ;
É fàu bién esséy délézéï [4]
Pèr véï gu no tallo pénsado.
Tan-piéï pèr quîs qué pénsén màü [5].
Cé qué ïàü dizé qui mé vèt bién à pèrpàü [6]
Pèr-qué [7] s'ogit dîs quello fablo
D'uno fénno qué sé néjèt.
Lo fablo né dit pas si l'àu foguèt exprèt.
Ni si soun homé lo puravo [8] :
Mas lo dit bé qu'àu lo cherchavo
(Quérèiqué [9] pèr l'énsévélis [10]).
A toü loü grans, toü loü pitis
Qu'éyran au bor dé lo riviêro
Au domandavo : bravo-géns,
Véz vàütréïs vu mo méinojèro
Qu'o-qui péri n'io pas loun-téns?
Noungro [11], dissèt càücu ; màs si lo s'éï néjado,
Énlàu, énlàu [12], suradomén
L'àïgo [13] qué court l'àur-éntréïnado,
Lo fàu doun nas cherchas püs bas.

(1) Ce n'est rien.
(2) Noyée.
(3) Quelque chose.
(4) De loisir.
(5) Mal.
(6) A propos.
(7) Puisque.
(8) Pleurait.
(9) Apparamment.
(10) Inhumer.
(11) Non certes.
(12) En bas, en bas.
(13) L'eau.

N'aütré dissèt né fozéz pas,
É si vous voléz lo troubas
Rémountas pùs-tôt vèr so sourço;
Tan forto péch-esséy lo courço
D'uno riviêr-aubé d'un riü,
Lo fenno, pèr countroditiü
Auro flota d'un-aütro sorto,
Cho qué lo fugéz viv-àu morto.

Quél-homé fogio lou plozén,
Mâs séloun mé àu préigno màü soun tén.
Pèr lo furour dé countrédîré;
Né sabé pas trop qué n'én dîré,
Né sabé pas si àu vio rosou
Én parlant dé quello féîçou,
N'én diràï ni abé ni nou :
Mas ïàü dizé bé bién séy rìré,
Touto fenno qué naîtro
Én quéü défaüt l'y mèiro;
É jusqu'àu bout countrédiro,
Màï pèr dé-làï si co sé po.

Lou Rénar é lo Cigouigno.

Uno vé coumpaï lou rénar
Couvidèt coumaï lo cigouigno ;
Quél àuzéü, coumo lou conar,
Éy plo countén quant àu sé pouigno [1].
Mâs lou rénar éyro crossous :
Au l'y serviguèt dé lâs pous [2]
Dîs no grando chiéto [3] bién plato.
Véyqui mo cigouigno qué grato
Dé tou soun bét loun é pounchu ;
Mâs lo ne risco pas dé tropas lou sangu [4]
Pèr tro mïnjas séy véy bégu ;
Car lo chiéto fuguèt nétiado [5]
Pèr lou rénar, quasi d'uno lampiado [6].
Au bout dé tréy ans catré jour
Lo cigouigno vàu véy soun tour.
Un béü diàumén lo lou couvido [7].
Volé bién, dissèt quéü crossous,
Avéqué moû omîs, né fàut pas dé féîçous
Pèr no si golanto partido.
Lou jour dit àu né manquèt pas.
Quant àu sén l'àudour dàu répas
Au fàï coumplimén à l'hôtesso ;
Au vanto for so poulitesso ;
Trobo lou dînas bién coufi.
Loû rénars ànt toû lou bét fi,
É quéüqui, dé-ségur, vio plo boun opéti ;
Déijâ lo lïngo l'ïn lébretto [8]

(1) Se gorge de nourriture.
(2) De la bouillie, espèce de colle faite avec le lait et la farine.
(3) Assiette.
(4) Hoquet.
(5) Nettoyée.
(6) Une gorgée.
(7) Invite.
(8) Frétille.

Dé véyré sur lo chàuforetto [9]
Un gigo hàcha bién ménu ;
Lo sàü, lou pébré [10], lou verju.
Mâï lo quîtto poudro dé du,
Ré né mancav-à lo cousino :
Mâs lo cigouigno fuguèt fino ;
Quan lo serviguèt lou dînas,
Lo lou boujèt tou dîs no bujo [11] ;
É pèr counséquén chacun jujo
Qué lou rénar n'én tatèt pas.
Lou bét, lou càu dé lo cigouigno
L'iéntrovan bién éyzadomén ;
Lou pàübré rénar qué gigouigno [12]
N'én guèt pas pèr lovas no dén ;
Au lécho loû bords én grundén
É s'én torno l'àureillo basso
Séy véy tata dé lo fricasso ;
Mâï counvénguèt dé bouno-fé
Qu'àu vio trouba pùs fi qué sé.

Fi countré fi n'éy pas bou pèr doubluro,
Troumpeurs ! tropas quello léyçou ;
Tan qué voû chias otténdéz-vou
A véy no poriêr-avanturo.
Voû dizéz toû loû jours qué qui ràübo léyrou
Mérito cént jours dé pardou.

(9) Sur le réchaud.
(10) Le poivre.
(11) Vase de grès à long col.
(12) Qui travaille inutilement.

L'Homé é lo Vipéro.

Un homé véguèt no vipêro
Qué sé navo couignas dîs terro.
Ah ! pouéyzou ! sé l'y dissè–t–éü,
Vàu fas n'ôbr–¹ ogréabl–àu céü...
A léy–doun ² lo bêtio molino,
(Iàü volé dîré lou serpén
Noun pas l'homé, car bounomén
Càucu qu'àurian l'àureillo fino
S'y troumporian b'éyzadomén.)
A léy–doun lo pàubro vipêro
Qu'éyro préijouniêro dé guéro
E méyzo déijà dïn–t–un sa,
Véguèt bé qué l'éyro perdudo ;
Car quél–homé l'iovi–onounça
Qué so mort éyro résàugudo
Guéisso ³ lo tort ab–àubé–nou.
Pèr n'én boillas, pèr–tant, n'espesso dé rosou,
Au l'y cherchèt quell–énchéyzou⁴ :
Ingrato ! dissè–t–éü, moünlé⁵ d'ïngrōtitudo !
Fàut qué tu méyras sur–lou–chan ;
Car, dé léyssas viàur–un méychan
Qu'éy fas pécha. Dé to moursuro,
Dé to lïngo màï dé tas déns
Fàut qué déliàuré lo noturo.
Pèr rossuras lo bravo géns
N'io pas d'émbàïsso⁶ pàs séguro.
Lou serpén dïs soun limoro ⁷

(1) Une œuvre.
(2) Alors.
(3) Eut–elle.
(4) Prétexte.

(5) Moule.
(6) De moyen.
(7) Langage.

L'y réypound, fiér coum-un piorro :
Toù loû ïngrats qué sount sur terro
Si loû fouillo doun coundamnas,
A qui pourio-t-un pardounas ?
Té méimo qué mé fas lo guerro
Tu té séz ropa pèr lou nâz.
Metto lo mo sur to coussïnço.
(Car à lâs-fis t'usorias lo possïnço
Dé né sabé pas dîré quis.)
Mo vit-éy dîs tas mâs ; tu mé vas fas péris ;
Mâs dàumïn ovan dé muris
Fàut qué moutré toun ïnjustiço.
Màï mo-fé ! qu'éy pl-à-té à parlas dé justiço ?
A té qué n'as jomàï counogu d'àutro léï
Mâs-kan toun ïntérêt, tas possiüs, toun plozéï,
Càucas-vé méimo toun copricé.
To lïngo n'éy lo pas, én pican quî-sé-chio[8] ,
Pûs vérénouso[9] qué lo mio ?
Toun cœur n'éy ïàu pas plé dé ruso, d'artificé ?
Né séz-tu pas diéy-milo vé
Pûs tor é pûs rampan qué mé ?
Aprén doun avant qué périssé,
Qué pèr troubas soû lo chapo dàu céü
Lou mounlé d'un ïngrat, co n'éy pas dîs mo péü
Qué fàu cherchas, mâs bé soû toun chopéü.
L'homé s'otténdio pas à no talo franchiso.
Au fuguèt sot ; co lou déygriso.
Au s'orrêto tou court ; àu réculo d'un pas
É né sobio trop coumo fas.
Mâs pèr-tan, à làs-fis, déyguisant so couléro,
Au parl-éntàu à lo vipèro :

(8) Qui que ce soit.   (9) Vénimeuse.

Quellas rosous né valén toutas ré.
Iàü pourio bé jugeas tou sous, car n'àï lou dré ;
Mâs préignan lou parti qué poréï lou pûs sagé,
    Mettan l'offaïr-én arbitragé ;
      Sur quéu pouén, noû n'én possoran
      Pèr cé qué loû expèrts dîran.
Né domandé pas mièr, dit lo bêtio rampanto
    É dîs soun sa touto trémblanto.
Uno vach-éyro qui ; îs l'uchén [10] ; lo vénguèt [11] ;
  Châco partido l'y countèt
    Lou sujèt dé quello corello.
    Co n'éy mâs co, sé dissè-t-ello
    (Séy vouléy àuvîs déych-àu bou),
    Pardi, n'éyro gro nécessâri,
Pèr décidas lou cas, dé véy dé coumissâri ;
  Qu'éy bé tou cliar ; lo vipêr-o rosou
L'hom-ïngrat, après véy eyssûri [12] moun tétou
Péndén màï dé vïnt ans, mé làïss-à l'abandou.
    Châqué jour déypéï moun jàun-agé
L'y furnicho védéü, burré, coillou, froumagé.
    Abé qu'éy mé qué l'àï nûri ;
    Au m'àu déü si àu n'o pas péri ;
    É qu'éy moun la qué lo gorí,
    Pèr un-espesso dé miràudio,
    D'uno gross-é lounjo molàudio.
Sàï vieill-àuro, é pèr moun gromarcéï
Au mé làïss-éytàuvias [13] dàu mandi déych-àu séï.
Dénguêro si l'ïngrat mé vouillo làïssas pàysséï [14],
Si mïnjavo dàumïn lo méyta dé moun àïzéï.
    Mâs séy piéta, séy coumpossiü,
Au mé làïsso séy fé, séy paillo, séy vouriü [15] ;

(10) Ils l'appellent.   (13) Souffrir.
(11) Elle vint.   (14) Paître.
(12) Exprimé, pressuré, tari.   (15) Regain.

Éyvénlado [16] sur mo léytiêro
Én mo chodén-àu càu fàu grotas lo gourjèyro.
Si guèz gu pèr méytr-un serpén
Au m'àurio, dé-ségur, trota diféromén.
Qu'éy moun ovis ; bounséï [17] vou fàu mo révérénço.
L'homé tout éybàubi [18] d'uno talo sénténço
 Sé mettèt dé dîr-àu sepén :
 Lo créizéz pas ; quello vieillo séy dént
  N'éy mâs n'éybêtido, no sotto,
  E lo bâtello, lo rodotto ;
A soun ag-éy perméï d'ovéy perdu l'esprit ;
 Lo né sait pûs cé qué lo dit.
Crézan lou biàü. Iàü volé bién dénguêro,
 Réypound l'énsochado vipêro.
 Lou biàü vèt doun bién lantomén.
Apréy véy rumina dìs soun énténdomén
 Lou sujèt dé quéü diférén ;
Iàü sàï, sé dissè-t-éü, dé l'ovis dàu serpén.
 Qu'éy l'homé qu'o tor suromén,
Vàu v'àu prouvas, màï bién éyzadomén.
 Vou sobéz bé prémiêromén
Qué qu'éy dé mé qu'àu tèt soun bla màï soun froumén ;
 Lo noturo grotuitomén
 Lou l'y baillo, mâs lou mé vén,
 Pèr moun armo bién charomén.
Né resté pas pèr jour démi-houro dîs l'éytablé ;
 É fàu plo qué ïàï-un boun rablé
 Pèr qué l'iàïo pougu ténéï.
 Déypéï lou mandi déych-àu séï
 Iàü tribé [19] coum-un misérablé,
Tout pèr soun intérèt àubé pèr soun plozéï.

(16) Etenduc.   (18) Ebahi.
(17) Bonsoir.   (19) Je trotte.

Mâs ïaü dizé bé bién, mo pénó lo pûs rudo
  Qu'éy l'ïnsolént-ïngrotitudo
D'un tàu méytré. Jomàï co vou dit gromarcéï,
Quan ïaü né bladé pas sàï toujour àu choréï[20];
É séloun sé mo pén-éy prou poyado
Én dàü co dé bâtou, càüqué co dé guillado[21].
  Mâs no-vé qué sàï véngu viéï
  Au mé fàï bé d'énguêras piéï.
Si né podé pûs nas, soun cœur éy bé tan téndré
Qu'àu mé baill-àu boun-diü quant-àu mé po pus véndré ;
Pèr véy lo pa àu fàï lou boun soudar
  É verso moun sang sur l'àutar
  Pèr tuas lou fèt dé lo coulêro
Dàu céü qué, tout poriéz, punit bé tôt-àu-tar
  L'ïngrotitudo sur lo terro.
Éntàü parlèt lou biàü. É l'homé tou hargniou
Fonzan, sé dissè-t-éü, tàïzas[22] quél-énuyou ;
  Qu'éy n'arbitré dé pruno-kéicho[23]
  Qué né chercho mâs dé grans mous
  Au lèt d'éycoutas lâs rosous.
Quî lou làïssorio fas, àu lumorio lo méicho ;
  Au lèt d'esséy médiotour,
  Au n'éy mâs-kan n'occusotour.
Iàü lou récus-àussi. Un àübr-éy préï pèr jugé :
  Co fuguèt bé d'énguêras piéï,
É quéü-qui càuzèt bé un pûs brâvé grobujé.
Au noü sert, dissè-t-éü, é dé viro-souléï,
  Dé paro-vén, dé paro-plôyo ;
  Dé nôtréïs champs àu fàï lo jôyo,
  Dé nôtréïs varjéz, lou plozéï.

---

(20) Au charroi.   (22) Taire.
(21) Long bâton armé d'une pointe. (23) Dé prune cuite.

Lo verduro dé soun féillagé
Dîs lou printén noû réjàuvis ;
É l'éypéïssour dé soun oumbragé
Péndén l'éitiü noû rofréychis ;
É péndén l'hivèr soun branchagé
Sert aux grans ni-maï aû pitîs
Pèr fas toujour càüco bàudado[24].
 Lâs catré sosous dé l'annado
 Noû tirén toû loû jours dé sé
  Càücoré ;
Anèt qu'éy dé lâs flours, démo qu'éy dé l'oumbragé ;
Dîs l'àutouno dàu fruit, dîs l'hivèr lou chàufagé,
D'énguèro si noû vian l'éymé dé lou curas,
 Dé lou toillas, dé l'éylogas,
 Dé tén-én-tén dé l'y nétias l'éycorço
 Pèr l'y boillas dé lo forço.
Mâs îngrats qué noû sount noû lou coupén pèr pèt.
 Maï càücas vé lou rachén touto-fèt.
  Oh pèr lou co l'hom-én coulêro
  Né ménojèt pûs lo vipêro.
  Iaï plo, di-t-éü, dé lâs bountas
  D'éycoutas dé tàüs ovoucats.
Au séquéto[25] lou sa coumo chatéigno sécho,
Éypoutis[26] lou serpén coumo poumo-kéicho[27].

Qu'éy pl-éntàü qu'ogissén loû grans,
Lo rosou lour dépläï, lo varta loû offénso
Dé lo part dàü pitîs é dàü pàübréîs péyzans ;
Tou déü, sé disént-îs, fourniz à lour déypénso,

---

(24) Flamme vive et de peu de du-
-rée.
(25) Sccoue.
(26) Ecrase.
(27) Pomme cuite.

Tou n'éy mâs fa pèr is : lâs bêtiâs màï lo gén,
Loû àübréïs, loû àüzéûs màï loû quitéïs serpéns ;
Si càucu, dovant is, vàu déissoras lâs déns,
Co n'éy mâs n'éybêti qué lour dit n'ïnsouléngo
  É qué fàu mettr-én péniténço.

Qu'éy plo vràï, diréz-voû ; coumo fàu co doun fas ?
Lour mâs parlas dé louén, àubé toû sé tàïzas.

L'Ané é lou piti Ché.

I'iò ré dé pûs ïnsupourtablé
Qu'un âné qué vàu fas l'aïmablé.
(Pèr-tant, qu'arribo bé souvén)
Iàï auvi dîré qu'àütré-tén
Un bouriquèt plé dé téndresso
Vouguèt coressas so méytresso ;
Mâs qu'àu nén poyèt lo féîçou.
Proufitan de quello léyçou.
 Coumén ! dijio-t-éü dîs soun âmo ;
 Iàü véyràï quéü piti chichou
 Viàuré dé pèr-à-coumpognou
 Coumo Moussur, coumo Modamo
 É iàüràï dàû co de bâtou !
É qué fàï-t-éü doun tant ? àu lour baillo lo pàüto ;
 É tan-qué-tan au éy bica.
 Sanjiüréï ! lou diablé lo fàüto !
 Si n'éï co pas tant moléyza.
 Dis quell-admirablo pénsado
 Au s'én vàï omourousomén.
 Lévo no sotto [1] tout-usado.
 É lo porto fort lourdomén
 Sous lou bobignou [2] dé Modamo
É de so bello voùx àu éntouno lo gamo
 Pèr fas soun piti complimén.
 Ah moun-diü ! qu'àü rudo musico !
 Qu'àû coressas ! sé-dissèt-lo
 Vîté ! vîté ! dîs lo boutico

(1) Un sabot.   (2) Menton.

Prénéz no bâro dé fogo.
Lo bâro sé pourtèt; l'âné guèt so solado,
Entàü chobêt lo sérénado.

Quéü qué vàu fourças soun tolan,
Né foro jomàï ré qué vaillo.
Qu'éï lou boun-diü qu'o fa lo taillo
Dàu pûs piti màï dàu pûs grand.
Quant-àu boillèt[3] l'esprit, chacun n'én guèt so dôso
Tàü qué né sait mâs fas lo prôso,
S'iàü s'oviso d'éycrir-én vèrs
Né po mâs rimas dé trovèrs ;
Qu'éï tout poriéz dé toû loû àûtréïs.
Quéü count-éï pèr chacun dé nàûtréïs
Homéïs, fennas, pétréïs, soudars,
Chacun n'én po prénéï so part.

(3) Donna.

Lou Chat é un viéï Rat.

'IN càüqué viéï libré dé foblas,
Iaï légi qu'un margaü[1] l'Alexandré dàü chats
L'Otila, lou vrai fléü dàü rats,
Randio las rotas miséroblas.
Iaï légi, dizé ïau, d'in quél-ancién autour,
Qué quéü chat exterminotour
Sé fogio rédoutas à douaz légas lo roundo ;
Au vouillo déyrotas[2] nôtro mochino roundo.
Quatreïx dé chiffro, troconards,
Arséni, mourtaura, rotiéras,
N'éïran mâs lo bézi aupéy dé Rodillard.
Coum-àu véü qué dé lours taniéras
Loû rats n'àuzovan pûs surtis,
Dé raj-àu sé po pûs potis.
Lou golan un béü jour, sé péndèt pèr no pàüto,
Én càüqué tros[3] de fiü rétor,
É lo têt-en bas, faï lou mor.
Quérey-qu'àu[4] o fa càüco faüto,
Sé disséten loû rats, quand îs lou guéréń vu,
Sé faï plo tén qu'àu chio péndu ;
San-douto qu'àu auro càusa càüqué doumagé,
Ràuba béléü càüqué froumagé ;
Mordu àub-éingràugnia[5] càücu ;
Qu'àü fêto dîs lou vésinagé !
Lovochio[6] quéü grand Diü l' é très certénomén
Nous rîran dé bouṅ cœur à souṅ énterromén.

(1) Chat mâle.
(2) Dépeupler de rats.
(3) Un grand morceau.
(4) Sans doute.
(5) Egratigné.
(6) Loué soit.

Is vian lou nâz én l'air ; îs l'y métténlo têto,
    Péy réntréns dîs loû cros dé rats ;
    Péy surtén é fan quatré pas ;
    Péy mo-fé sé métten én quêto ;
    Mâs véyqui bé dun-àütro fêto,
Lou péndu réssussit-é sur sous quatré péz
      Au toumb-àu mitan [7] d'àu groniéz.
    Dé touto l'armado fuyardo,
    Sé sauvèt mâs-kan l'ovan-gardo.
    Oh ! oh ! Messieurs, sé dissè-t-éü,
    Qu'éï no vieillo ruso dé guerro ;
    Vous n'én véyréz bé màï dénguêro
    Toujour dé pûs béü en pûs béü
    V'àuréz béü fourtifias lo plasso
    Sabé dàû tours dé passo-passo.
    Vous siréz toû escomouta ;
    É vôtro raço tout-antiéro
    Possoro pèr mo jobissiéro.
    Màï àu dijio bién lo varta.
    Pèr lo sécoundo vé, moun drôlé loû offino.
    Au sé crubo tout dé forino
    Régrémilla tout coumo n'éyrissou,
    S'ogrumis d'in-t-un polissou [8].
Lo gén troto-ménu l'y vèt cherchas so perdo,
N'ioguèt mas un [9] tout-sous, quéréyqué pûs alerto,
      (Volé dîré pûs oviza)
Dé finas quéü-déqui quéyr-un pàü moléyza.
Quéü viéï routiéz fièr coumo rat-én-paillo,
    Ovio perdu so couo dîs no botaillo.
Quéü topou [10] dé boulén [11] n'onounço ré qué vaillo,

---

(7) Au milieu.
(8) Espèce de panier sans anse.
(9) Il n'y en eut qu'un.
(10) Ce tas.
(11) Le son de seigle, après avoir ôté la fleur seulement.

Sé crédèt-éü de louén au généraü daü chats;
Iaü doté fort quello mochino.
L'omi ! t'as béü esséy forino,
Car quand tu sirias sa, ïaü mé préïmorio pas.

Lo prudénço passo lo sianço,
Quéü counté n'éy mâs ïnvénta
Pèr noû mountras qué lo méyfianço
Éy lo màï dé lo suréta.

Lou doû Tauréüs é no Gronouillo.

Doux tauréüs, un jour aluchovan[1]
L'un é l'aütré bién éynida[2]
A co dé corno disputovan
É no jùnj-é lo royauta.
No gronouillo qué loû visavo,
Dé tén-én-tén soupiravo.
Qu'as-tu pàu[3], dissèt-tan so sor,
Làïsso loû fas, îs soun prou for,
Pèr poudéy vouéydas lour corello.
Ah! né véséy-tu pas, sé l'y réypoundèt-ello,
Qué co né siro mâs-kan noû
Qué n'en poyoran lâs féîçoû.
Quéü qué vàï perdré lo gojuro
Né niro pas sur lo verduro,
Au né foro ni un ni doû,
Au s'én véndro cotas[4] au miéy dé nôtr'étanchas[5],
Nous mountoro loû péz sur l'anchas[6]
Au nou vàï toutas éypoutiz[7]
Touto nôtro notiü vàï potiz,
Pèr-mour de modamo génisso;
Nous poyorans loû fraix dé so molisso.
Quello pàu[8] pléno de bou-san,
Tundiguèt[9] rédé dîs l'éytan;
Màï sé vérifièt tan-qué-tan.
Lou tauréü bottu prén lo fuito
Sé précipito tout dé suito

(1) Se battaient à coup de cornes.
(2) Irrités.
(3) De quoi as-tu peur?
(4) Cacher.
(5) Viviers, mares.
(6) Sur les cuisses.
(7) Écraser.
(8) Cette peur.
(9) Retentit.

Dé gronouillez én gronouillez
É lâs ébouillo [10] pèr milliéz...

Quéll-històri-éy bién véritablo ;
Vous dàyfié dé mé déyméntis,
Lâs sotizas dàû grans, coumo dit quello fablo,
Chabén toujour pèr éypoutiz
Loû pitis.

(10) Ecrase.

L'Ané é lou Ché

Nèt[1] pèr noû, démo pèr vàûtréîx,
Éyzinan[2] nou toû éntré nàûtréîs.
Tàü qué chio qué l'y mancoro,
Tôt-àu-tard s'én répéntiro.
Si l'io càücu[3] qué mé veillé pas créyré,
Quello fablo l'iàu foro véyré.
Un jour un âné s'én mouquèt,
M'éytouné coum àu l'y manquèt;
Car un-ân-éy dé bouno pâto.
Charja d'uno doublo bonâto[4]
(L'hom-é lou ché véignan doréy[5]),
Is fogian vouyagé toû tréy.
Lou méytré sur l'herbo flurido
Foguèt so pitito durmido ;
É moun âné péndén quéü tén
Dis lou mitan d'un pra sé baillo dàu boun tén ;
Un pra qué lo riviêr-orouso
Déü véï l'herbo plo sobourouso[6].
L'âné trobo lou péysséï[7] bou,
Màï gniovio pén piàü dé chardou ;
(Cé qué qu'éy d'ovéy dé l'odresso !
L'âné sobio bién sé possas
Dé chardous quant-àu n'én vio pas,
Éntàü[8] fan loû bourgéîs màï lo quitto noblesso.)
L'âné vio déyjâ bién dîna,
Lou ché n'ovio pas déyjûna ;
Au s'én vàï lo gorjo bodado

(1) Anjourd'hui.
(2) Facilitons-nous.
(3) S'il y en a quelqu'un.
(4) Hotte.
(5) Venaient derrière.
(6) Savoureuse.
(7) Le pacage.
(8) Ainsi.

Dîr-à sàumèt : Moun comorado!
  Lou méytré deïrt, méyré dé fan,
  Morjiü! si t'éyras boun-éfan
  Tu kïnchorias [9] tan-si-piti l'éychino,
  Mettrio lou nâz dîs lo cousino
  É l'y préndrio moun moréndé [10].
  Moun âné l'y réypoundèt ré,
  Au fàï lou sour dé quell-àureillo ;
  Moun goillar qué toujour berbeillo [11],
  O pàu dé perdr-un co dé dén
  Chiau sé kïnch-un piti momén.
  A-lâs-fis l'àuzéü d'Arcadio
  L'y dit : Tu forias nó folio,
  Tu né siras pas bién déymàï [12]
  Pèr un piti momén dé màï ;
  Moun pàubr-omi ïaü tàu couseillé,
  Ottén qué Moussu sé réveillé,
  Au né po pas gàïré tardas,
  Chas ségur dé toun déyjûnas.
  Soun discour sé chobav-à péno,
  Qu'un grô lou sort d'uno goréno,
  É court tou dré sur lou bàudet ;
  Mo-fé lou ché s'énfujiguèt.
  Jugeas si l'âné lou crédèt ;
  D'obor dégu l'y réypoundèt ;
  A-lâs-fis lou ché l'y réplico
  Touto so bello rétorico :
  Tu né siras pas bién déymàï
  Pèr un piti momén dé màï :
  Moun pàubr-omi, ïaü tàu couseillé,
  Ottén qué Moussu sé réveillé,

---

(9) Tu pencherais.   (11) Mange l'herbe.
(10) Dîné.   (12) Fatigué, géné.

Au né po pas gaïré tardas,
Chas ségur qu'àu té nir-éydas.
N'y vézé pas d'aütro ressourso,
A mïn qué tu préignas lo courso;
Tu séz bé tou forà dé gniàü[12];
Én tas sotas défén toun càu,
É si lou lou tro préz s'oproucho,
Roum l'y mé lâs déns dîs lo boucho.
Mâs péndén tou quéü béü coquèt
Lou lou mïnjèt lou bouriquèt
Dovant lou ché qué s'én mouquèt.

N'oprouvé gro quello véngénço,
Mâs l'àn-àu méritavo bé.
Quan dé moundé trobén lour counté
Dîs lo moralo dé quéü counté,
Qué déurio déijà véy choba
Pèr enté l'aï couménça.
Anèt pèr noù, démo pèr vaûtréix,
Eyzinans-noù loû ûs loû aûtréix;
Taü qué chio qué l'y mancoro,
Tôt-àu-tard s'én répéntiro.

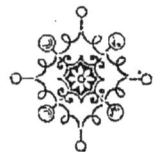

(13) Ferré de neuf.

Lou Lou é lou Rénar qué plaïdién dovant lou Sïngé.

ÉRTÉN lou sé pleinguèt qué càuqué béu moti
Un certén rénar soun vézi,
(D'asséz méychanto rénoumado)
L'iovio ràuba càuco dénado ;
Lou sïng-éyro jugé dé pa,
Dovant sé co fuguèt pléydia,
Noun pas pèr ovoucats, mâs pèr chaquo partido,
Jomàï pùs s'éyro vu no càuso tan coutido [1].
Lou jugé n'y coumpréigno ré ;
Au chuavo [2] sur soun tobouré,
Màï tout-àutré n'àurio changna dé lïngé.
Aussi s'éyro pas vu, dé mémorio dé sïngé,
Un poriéz mori-mora [3].
Apréz véy toù doù jura ;
Apréz véy bién countesta,
Réplica, créda, témpêta,
Lou jugé prounouncèt quello bello sénténço :
« Voù counéyssé toù doù mièr qué dégu né 'pénso,
» Té, Moussu lou lou, t'as ménti,
» Dégu t'o ré ràuba ; tu fas lo countrébéndo ;
» E té méytré rénar, t'as ràuba toun vézi,
» *Voù poyoréz toù doù l'éyméndo.* »

Quéu jujomén poréï drôlé béléù [4],
Au éy pèr-tan pùs sagé qu'un né créù ;
Au fàï véyré qué lo justisso
Éy à l'àïz-éntré doù léyrous ;
Lo né risquo jomàï dé lour fas d'ïnjustisso
Quan lo loù coundamno toù dous.

1) Mêlée, embrouillée.   (3) Querelle, dispute.
2) Il suait.   (4) Peut-être.

Loû Loû é làs Berbis.

Apréz mill-ans maï-maï d'uno guerr–aupéignado¹,
Loû loû é làs berbis trotéïrén dé lo pa.
Moun armo! qu'éyro plo bién fa
D'ovéy gu no talo pénsado,
Car si loû loû dé tén–én–tén
Fojian càuco bouno ripaillo
D'ânéis, dé chéis maï dé berbiaillo²,
Loû bargéz, dé lâs péûs dàû loû
Fojian bé souvén dàû manjoù³ ;
  É pén né mïnjav–à soû aïséîs,
 Ni dïn loû bos, ni dïn loû pàysséîs⁴.
  Pèr éyvitas quéü toloba⁵,
Loû doû partis d'ocord foguêrén doun lo pa;
Dàû doû coûtas îs sé baillén dàû gagéîs.
  Loû loû boilletten⁶ lours méynagéîs,
  Iàü volé dîré lours pitîs :
 L'àuvéillas boillettén lours chîs.
L'éychangné fuguèt fa dìs l'usag-ordinâri;
  Chacun noumèt soun coumissâri.
Au bout dé càuqué tén quîs pitis loubotous
  Futén dé véritabléîs loû,
Qui mettian toû loû sèî jàïré⁷ dìs loû éytabléîs,
  Jujas si dé lo gén éntàü
  Péndén loun–tén éyran copabléîs
  Dé s'éngardas dé fas dàu màü!

(1) Opiniâtre.
(2) De bêtes à laine.
(3) Manchons.
(4) Pâturages.
(5) Tapage.
(6) Donnèrent.
(7) Coucher.

Un jour qué loũ bargéz éyran à lo bolado⁸
　　Qué fojian lours bëũs domouéizéũs,
Moũ loũ qué dé-ségur vian lo dént plo filado
Éytrangliéns, pèr lou mĩn, lo méyta dàũ ognéũs,
　　Péy chàusiguérén loũ pũs bëũs,
　　É prénén lo vio⁹ dé lo porto
　　Loũ portén à lo chabro-morto
　　Dis lou bëũ foun d'uno fouréz.
　　Apréz co couréz-l'y apréz !
Quis loũ à lours coufràĩs, vian boilla lo guignado¹⁰,
　　É loũ pàũbréĩs chéĩs éndurmis
　　Sur lo fé dé lours énémis,
　　Guérén lo méimo régolado ;
　　Loũ loũ n'én fan séy coumpossiũ
　　No ségoundo *Saint-Barthoumiũ*.
　　É dis no méimo mandinado,
Toũ loũ chéĩs pitoillers¹¹ guérén lour passo-port
　　Pèr s'én nas viàũré châz lo mort.

Lo pa, pèr lou ségur, éy no chàuso plo bouno ;
　　Màs fàu, pèr ogiz sajomén,
　　Prénéï gard-à qui l'un lo douno.
　　Pèr poras tout éyvénomén,
Aũ méychans, séy piéta, fozan toujour lo guerro,
　　L'omita d'un h'omé séy fé,
　　D'un homé qué né vàï pas dré,
　　Éy un fléũ qué fàï sur lo terro
　　Màï dé màũ qué lou touno-dré¹².
Toũ loũ réĩs qu'àn éyta omis dé l'Angléterro
　　N'én podén diré càucoré.

(8) Fête patronale.
(9) Le chemin.
(10) Signe de tête.

(11) Hospitaliers.
(12) Le tonnerre.

Lou Péchas-l-bôs[1] é lou Diü Mercuro.

Un péchas-l-bôs qué perdèt so déytràü[2]
V'àurio fa piéta dé l'énténdré ;
Au sé rochavo pèr loû piàü[3],
Guessas dit qu'àu sé navo péndré.
Quéü gag-éyro soun gâigné-po[5].
Fouillo jûnas lou léndémo ;
Au né vio gro dé gagéy à révéndré ;
Lou pàübr-homé n'ovio mâs quéü.
Au lévo lâs mâs vèr lou céü,
Rouzo lo terro dé sas larmas.
Hélas ! moun Diü ! sé dissè-t-éü,
N'iàuro co pas càücas boun-armas
Qué préignan piéta dé moun màü !
O mo déytràü ! ô mo déytràü !
Gran Jupitèr qué séz én-hàut !
Iàü vou déüràï douâ vé lo vito
Si vou mé tournas moun hochou[6] ;
Bouéy, v'oun préjé, tournas mé lou !
So préjèro touto pitito,
Quoiqué pûs courto qu'un patèr,
Foguèt plozéï à Jupitèr ;
A péno l'o ïàü énténdudo,
Qué Mercuro dessén dàu céü
É l'y dissèt : L'omi ! tout béü !
To chou né siro pas perdudo.
N'àï trouba uno dé boun gru[7],
Véjàn, lo récounéïtras-tu ?

(1) Fendeur de bois.
(2) Haché.
(3) Par les cheveux.
(4) Cet outil.
(5) Son gagne-pain.
(6) Ma hache.
(7) De bon grain.

Au l'ïn môtr-uno d'or ; Péchas-l-bôs lo réfuzo.
Moussur, sé dissè-t-éü, ïàü vou domand-escuzo ;
    Un gagé tan propré, tan béü,
    Dé lo vito n'o éyta méü,
Iàü n'y domandé ré. Léy-doun lou diü Mercuro
    L'ïn fàï véyré n'àütro d'argén,
    Éy-co quello ? téy, vizo, prén.
Né foraï gro ; mo misêro futuro
Mé foro pas prénéï, n'én ottesté lou céü,
    Lou bé dàü àutréïs pèr lou méü ;
A làs fis-dé-làs-fis, Mercuro l'ïn fàï véyré
    Uno qué n'éyro màs dé bouéï.
— Ah ! lo véyqui, vou mé podéz bién créyré,
    Mé méim-én quéü pàü dé rouvéï [8]
    Lo mangliéï [9] l'annado possado.
    Pèr qué vou lo m'ovéz troubado
Tournas lo mé chàuplas, vou mé foréz plozéï.
    Téy ; làs té véyqui toutas tréy,
    To bouno-fé siro récoumpénsado.
    Eh bé làs préné ; gromarcéy ;
N'io ré dé mièr ocquis qué chàüso bién dounado.
    Quan l'histôrio fuguèt countado,
    Loû oubriéz dé toû loû poïs
Perdéyrén toû lours chous màï lours quîtas chopis.
    A Jupitèr îs s'odressêrén,
    Toû à lo-vé làs domandêrén
    Én crédant coumo dé béüs sourds,
Is troublén lou répàü dé lo célesto cour.
    Jupitèr né sait àu càü coûré,
    Au loû vàu, pèr-tan, toû sécoûré.
    Mercuro torno dovolas [10] ;

---

(8) Pieux de chêne.
(9) Je l'emmanchai.   (10) Descendre.

A toû dé lâs chous d'or àu torno prĕsĕntas.
    Chacun dé îs sé foguèt fêto
Dé dîré tou d'obor : *qu'éy lo mio; lo véyqui;*
Mâs moun Mercur–àu lèt dé boillas quello-qui,
N'én déytach-à chacun un gran co sur lo têto.

Jomàï méntiz ; né mâs prénéï co séü ;
Qu'éy lou meillour ; màï, mo-fé qu'éy pûs béü.
    Au o bién tort quéü qué s'occupo
    A méntiz pèr mossas dàu bé.
Dé qué chier co [11]? Lou boun–diü n'éy pas dupo,
    É tôt-àu-tard co sé trouboro bé.
Loû manteurs, loû léyroù né gâignén jomàï ré.
    L'armo négro coumo no mouro [12]
    Is n'àn mâs dàù éïs qué pèr quéü cor
    Qué lou boun–diü po à tout-houro
    Ossoumas d'un co dé chou d'or.

(11) Que sert-il.   (12) L'âme noire comme une mûre.

L'Homé éntré loû doû agéïs é sas douâz Méytressas.

Un homé dé mouyén agé,
Tiran un pàü sur lou grizou,
Jugèt qué qu'éyro lo rosou
Dé pénsas à soun moridagé.
Quél-homé vio dàû pigoillous[1] ;
Pèr counséquén nôtr-omourous
Poudio chàusiz ; toutas voulian l'y plaïré..
Pèr sé vouillo nas bravomén,
Au digi én sé-méimo souvén :
Bién rancountras n'éy pas piti offàïré,
Qui toumbo[2] bién n'oribo jomàï tard.
Douâz vévas, sur soun cœur, guérén lo méillour part,
L'un-éycorobillardo[3] é l'àûtro plo moduro[4]
Màs qué vio lou sécret dé sarciz finomén,
É sur lo jàut-é[5] sur lo dén
Làs folidas[6] dé lo noturo.
Toutas douâz, tout én bodinan,
Tout én rizén, tout én l'y fozén fêto,
Fojian sémblan én tâtounan
Dé vouléï ojustas so têto.
Lo jàuno trogio[7] loû piàüs blans,
Lo viéillo rochavo loû àûtréîs ;
Si bé qu'én toû quîs béüs sémblans
L'în restèt pûs ni d'ûs ni d'àûtréîs ;
É fuguèt çola, lou bodàü,
Coum-un chantré dé saint Marçàü[8].

(1) Des écus.
(2) Tombe, rencontre.
(3) Egrillarde.
(4) Mûre.
(5) Sur la joue.
(6) Les faillites.
(7) Arrachait.
(8) Enfant de chœur de l'ancienne Collégiale de Limoges.

Au sé doutèt dàu tour é lour dissèt : Méynado [9],
    Gromarcéï dé lo pénchénado [10];
    Quan vou m'ovéz si bé toundu,
Iàü àï, pèr lou ségur, màï gâigna qué perdu.
      Vou m'ovéz apréï qu'à moun agé
      Prénéï fénno n'éyro pas sagé.
      Vou rémerchié dé lo léyçou.
      Volé viàür-à mo féyçou.
      No fénno voudrio qu'à so guiso
      Poúrtéï moun hobi, mo chomiso,
      É mé tou lou tén qué viàüràï,
Siràï billa, vîti, couéifa coumo voudràï ;
      Liberta, véyqui mo déviso.

    L'homé d'in tal éyta qu'àu chio,
Déü nécessariomén viàür-un pàü pèr loü àûtréîs ;
  Si noû né sount mâs bous pèr nàûtréîs
    Né cherchan pas dé coumpoignio.

(9) Mes enfants !   (10) Peignée.

Lou Méynagé qué sé néjo, é lou Méytré d'éycolo.

Quello fablo vou vaï moûtras
Qué vàu mièr ogiz qué parlas.
Lo vou vàu dîré tout-antiêro.
Un jàuné pitit éytourdi,
Jïngan¹ au bord d'uno riviêro,
L'y toumbèt lo têto lo prémiêro.
Pèr bounhur n'àubré qu'éyro qui,
Apréz diü, l'y sauvèt lo vito.
Mås so transo pèr-tan né fuguèt pas pitito;
Au crédavo coum—un béü sour,
Éycycliavo² coumo n'àublàïré.
Mé néij-àu sécour! au sécour!
Pèr hozar certén précétour
Qué vio no lïngo dé péillàïré,
L'énténd, s'oproucho gravomén
É l'apostroph-à countré-tén.
Vizas! sé dissè-t-éü, quello pitito buzo!
Quél étourdi! quéü soléta!
Dïn quàü pâti co s'éy jitta!
Apréz co charjas-vou dé poriêro conaillo?
N'éy-co pas molhurous qué faillo
Qué dàu méytréîs, journellomén
Véillan subré dé tallo gén?
Pàubréîs poréns! pàubras fomillas!
Coumo ïàü plaigné vôtré sort!
Si voû né vias mås dé lâs fillas,
Voû transirant-ellas si fort?

(1) Folâtrant.   (2) Jetait des cris perçants.

Quant àu guèt choba so moralo,
Nôtré prédicotour bién brâvomén dovalo ³
　Prén lou méïnajé ⁴ lou métèt à bord.
Dé n'àu pas fas pû-tô, pas-vràï qu'àu guèt bién tort?

Iàü blâm-éyci màï dé géns qu'un né pénso.
　Tou bobillard, tou hableur, tou pédant,
Dirias qué lou boun-diü n'o bénéïzi l'éngénço,
　Car, dé-ségur, lou noumbré n'éy plo grand.
　Vou né pourias jomàï ténéï lour l'ingo,
　　Aülèit ⁵ d'ogiz, îs né fan mâs parlas;
　　Eh! moun omi! coumenç-à mé sauvas
　　Apréz tu foras toun horïngo ⁶.

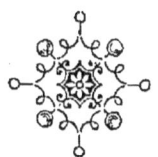

(3) Descend.
(4) L'enfant.
(5) Au lieu.
(6) Harangue.

Lou Toupi dé terro é lou Toupi de fèr.

Toupi dé fèr proposèt
A toupi dé terr–un vouyagé :
Quéü–qui d'obor s'én escuzèt.
M'éyviz [1], sé dissè-t-éü, qué né sirio pas sagé
Dé quîtas moun coüén dé foujéz [2].
Tan brâvomén qué vouyogéz,
Né foudrio màs no coudignado [3]
Pèr mé fas fas lou grand sàüt périlloux,
É lo mïndro séquétado [4]
Mé méttrio tout én brundilloux [5]
Qu'éy bou pèr té qu'as lo péü duro
Dé riscas poriêr–ovanturo.
— Tan-qué tu siras coumo mé,
Dissèt toupi de fèr, tu né riscoras ré,
Si càüqué dangéz té ménaço,
Mé qué n'àï pas pàu dé lo casso,
Iàü mé méttràï dovan
Tan-qué-tan [6].
Dé qué t'as pàu pàübr.–émbécilé,
Dé té sauvas n'io ré dé pûs focilé.
Toupi dé terro lou créguèt,
Coumo toupi dé fèr l'éybêti partiguèt,
Fièr dé lo forço é dàu couragé
Dé soun coumpoignou dé vouyagé.
Véyqui doun mo gén qué s'én van,
Sur lour tréy péz,cliopïn, cliopan

---

(1) Il me semble.
(2) Foyer.
(3) Un coup de coude.
(4) Secousse.
(5) En petits morceaux.
(6) Tout de suite, sur-le-champ.

É l'un dé l'aütr-îs sé préymêrén [7]
Tant qu'îs pouguêrén,
Is trébûchêrén,
Sé séquétêrén [8]
Toupi dé terro potiguèt.
Toupi dé fèr, soun comorado
Dé lo prémièro séquétado
L'éypoutiguèt [9].

Quéü toupi dé terr-én bandièro [10]
O no moralo bién sanchièro [11]
Au môtro qué qui vàu prénéy un parsouniéz [12]
Déü toujour chàusis soun poriéz
É tàü qué brillo dîs so plaço
Pèr n'én vouléï surtîs sé casso.
Quéü qu'éntréprén màï qu'àu né po
Dïn lo pa coumo dïn lo guerro,
A moun ovis n'éy mâs un so,
Màï pûs so qu'un toupi dé terro.

(7) S'approchèrent.
(8) Se heurtèrent l'un contre l'autre.
(9) L'écrasa.
(10) Au néant.
(11) Bien saine.
(12) Un associé.

Lo Béletto éntrado dîs un Gronièz.

Uno domouéizello béletto
A taillo lounj-é mïncéletto,
Éntrèt di-n-groniéz pèr un cros
Qué n'éyro, mo-fé, pas bién gros,
Lo sé lévavo mâs d'uno grosso molàudio;
Lo pàubro diâbl-éyro véngud-én ré,
Éytopàü[1] co n'éy pas miràudio[2]
Si lo possèt pèr un piti goulé[3]
Qué n'iàurias pas couigna lou bou dàu dé[4].
Jugeas si lo sé foguèt fàuto
Dé cé qu'éyro dîs lou groniéz;
N'ioguèt ni bousso[5] ni poniéz,
Énté lo né pàusèt lo pàuto.
    Lo broutèt,
    Lo rôjèt,
    Lo mïnjèt,
    Sé pouignèt[6]
Tan qué lo n'én vouguèt,
Dàumïn tan qué lo n'én pouguèt.
Apréz s'êtré bién tundido[7]
Grosso, grasso, réboundido,
Rédoundo[8] coum-un pézéü[9]
    Lo n'én vio sas plénas péü,
    Màï béléü bé[10] lo pépido[11].
    Lo vàu quîtas lo partido,

---

(1) Aussi.
(2) Merveille.
(3) Un petit trou.
(4) Le bout du doigt.
(5) Un panier de paille rond et fermé avec un couvercle.
(6) Se gorgea.
(7) Gonflée.
(8) Ronde.
(9) Un pois.
(10) Peut-être bien.
(11) Pépie.

Mâs lo né po pûs possas,
Lo vio pàu dé sé troumpas,
Lo torno cént vés sur soû pas.
Un rat lo véü émborossado,
É l'y dissèt : Mo comorado,
T'éntrêrèï [12] mâgro pèr quéü cros,
Pèr surtîz àu n'éy pas prou gros ;
Pèr-qué séz-tu tan éngréissado?
N'én côto dé sé divertiz,
É té fàu déygréissas si tu vouléï surtiz.

Quéü rat dovinavo d'ovanço
Cé qué s'éy possa dîs lo Franço.
Quan dé finôtîs parvéngus
S'én sount vira tournas coum-îs éyran véngus !
Lour émboumpouén o fa lour tiro-làïsso,
Jomàï lou pó ràuba [13] né fàï dé bouno gràïsso.

(12) Tu entrûas)   (13) Le pain dérobé.

Lou Cerf é lo Vigno.

Un cerf covola[1] mâs dé préz,
Pèr no troupo dé chéîs dé chasso,
Dîs no vigno troubèt no plaço
Qué tou-d'obor lou tirèt dàu dangéz.
Quello vigno hàuto, touffudo,
Troumpèt lou nâz ni-mâï lo vudo
É dàu chossodours é dàu chéîs,
Qu'à lo fi-dé-lâs-fis quittêrén lo partido.
D'obor qué lo troup-éy partido,
Quél-ïngrat sé mettèt dé broutas à lézéï
    Lo féillo grand-é pitito
    Qué l'y vio sàuva lo vito.
  Au poyèt char quéü coupablé plozéï,
  Car loû chossodoûr l'énténdêrén,
      L'y tournêrén,
      Lou véguêrén,
      Lou tropêrén
  É loû chéîs l'éycébrêrén[2] ;
Lou pàubré diâbl-à démiéy-mor,
Dissèt : Pèr lou ségur, mérité bién moun sor,
  Auro vézé bé qu'àï gu tor.

Ingrats proufitas-n'én ; lo fi dé quello fablo
    Voû môtro qu'uno mo coupablo
    Lévado countr-un biénfotour
    Né tardo pas d'ovéy soun tour.
  É lou boun-diü, pèr puniz vôtr-àudaco
    O perméï qué chio oriba
Qu'un ïngrat chio puni dré dîs lo méimo plaço
    Ént-àu l'ovio d'obor sàuva.

(1) Poursuivi au galop.   (2) Le mirent en pièces.

Lou Ché qué port-én soun càü lou Dînas dé sonn Méytré.

An noû[1] loû déîs[2] à l'éipreuvo dé l'or?
É loû éîs[3] màï lou cœur à quello dé lâs bellas?
Si càüq-omi nou counfiav-un trésor
Aurian-noû lâs màs prou fidélas
Pèr lou l'y counservas
Séy l'éybroûtas[4]?
Quello fabl-àu vàï fas counéytré.
Certén ché pourtav-én soun càu,
Un jour, lou dînas dé soun méytré.
Quéü barbet dressa coum-àu-fàu,
Né tâtavo jomàï nou-mâs dé lo fumado
Qué l'y mountavo dis lou naz,
Au sobio bién s'y coundamnas.
Càücas vé lou frico l'iogrado[5];
Màs toujour quél-hàunêté ché
S'én sobio privas màugra sé,
Dé pàu dé véy càüquo frétado.
Qu'éy lo pàu, diréz-vou, qué rétéign-à quéü ché
Lo brido dé lo gourmandîso?
É pèr-qué doun voû ni-màï mé
Fan-noû toû loû jours lo sotîso
Dé n'ovéy jomàï pàu dé ré
Quan s'ogiz dé mossas dàu bé?
Ni lou boun-diü, ni lo justiço,
Né sount copabléîs dé ténéï

---

(1) Avons-nous.
(2) Les doigts.
(3) Les yeux.
(4) Entamer.
(5) Est de son goût.

Nôtro lingo ni nôtréis déis.
Un homm—o—t'éü màï dé moliço,
Au mïn dé rosou qué loû chéîs?
Quéü-qui finalomén n'éyro pas sur so lingo,
N'àurio pas fa tor d'un-éypïngo,
Ni sur buli, ni sur rôti,
Ni sur rogou, ni sur pâti,
Tan guesso-t-éü gu d'opéti.
Véyqui doun, pèr un béü moti,
Qu'àu faï rancountré d'un mâti
Qué l'y vàu gomas [7] so fricaço.
Mâs conîcho défén lo plaço
Én véritablé grénodiéz.
Au pàuso d'obor soun poniéz,
Tout expréz pèr lou mièr déféndré.
Grand coumbat! quant-îs van énténdré
Jopas toû loû chéîs dàu cartiéz
Qué sé bouéyrén [8] dîs lo botaillo.
Mâs quîs-qui n'éyran mâs dé lo francho conaillo
É qué vian avéza [9] viàüré sur lou coum'un;
Éytopàu n'iovio màï qué d'un
Qué vian l'éychin-acoutumado
Dé toû téns à lo bastounado.
É moun conicho plo hountous
Dé se troubas qui sé tou-sous.
Coumo sé battré countré tous.
Lou pàubré ché véü bé d'ovanço
Lou dangéz qué court so pitanço.
Fouguèt doun prénéï soun parti,
Au lou prén doun ; é màï sé fi !
Vàutréîs ! vàutréîs ! dit nôtré chi,

(7) Gober.
(8) Se mêlent.   (9) Accoutumé.

Volé mo part dé lo chïnchi [10].
Én méimo tén àu rapo soun boussi [11]
É lour obandouno lou resto.
Lou troubas-vou pûs éybêti?
Chacun prénguèt soun trôs [12]; dégu pûs né countesto,
Toû guêrén lour part dàu gâtéü.
Éntré dàû chéîs ré dé si béü.

Né risan pas dé quéü partagé,
Quîs chéîs, quéü dînas, quéü poniéz
Né sount mâs tro souvén l'éymagé
D'uno vill-énté loû déniéz
Sount à lo merci d'estofiéz
Qué n'ànt pas lou gouver pûs sagé.
Toû sount, pèr-tan, dé brâvo-gén,
Mâs quan s'ogiz d'or é d'argén,
Loû Prévôts, loû Côssoûs, lou quîté Sécrétàri,
Toû sabén fas dégoulinâri.
É si càücu dé îs un pàü tro scrupulous
Fogio d'obor càücas féîçous,
Is sé mouquén dé sé ni-màï dé sas rosous.
Au sén léy-doun qué co sirio hountous
D'êtr-hàunêt-homé sé tou-sous;
V'àurias plozéï dé véyré coum-àu viro.
Quan dé soun coûta chacun tiro,
Qu'éy toujour sé qué lou prémiéz
Pàuso lâs mâs dîs lou poniéz.

---

(10) De la viande.
(11) Son morceau.   (12) Son gros morceau.

Lou Lou é lo Cigouigno.

Lou loŭ ovalén séy mâchas.
E càŭqu'un càŭqué jour s'y pourio bién mouchas.
N'én véyqui d'obor un qué l'o pécado bello [1].
Un jour én mïnjan un-oignello,
Dizé n'oignello, mâs béléŭ [2]
(Co poudio b'esséy [3] càŭqu'oignéŭ)
Un os l'y domourèt àu miéï dàu gourjoréŭ [4]
É l'éytriangliavo bién é béŭ.
Pèr bounhur possèt no cigouigno,
    Au l'y faï sïnné, lo vénguèt,
    Én soun gran càŭ, én soun loun bèt
    Dé béŭ qué lo pàŭbro gigouigno [5]
    Finalomén lo lou l'y guèt,
É doun pèr counséquén lo l'y sàuvèt lo vito.
    Quan lo vouguèt, dé so visoto
    L'y domandas lou payomén ,
Coumo loŭ médécis fan ordinâriomén.
    Qué pélas-vou ? l'y dissèt l'ïnsoulén,
    Fàu qué vou chias bién éyfrountado,
    Né séz-vou pas bién prou poyado
    D'ovéy tira dé sous mo dén
    Vôtro têto séy occidén.
Ingrato qué vou séz ! né foséz pas lo fàŭto
    Dé toumbas jomàï sous mo pàŭto.

    Véyqui plo loŭ discours
    Dé presqué toŭ loŭ gros-seignours.

(1) Qui l'a échappé belle.
(2) Peut-être.
(3) Être.
(4) Au milieu du gosier.
(5) Essaie à tâtons.

Lou pàübr-éy prou poya én àublijan un riché.
　　Tan péchias-vou l'y fas plozéï,
Vou n'én tirorias pas un quité gromarcéï.
Hurou! d'énguêr-hurou! quant-àu n'éy mâs-kan chiché.
　　Car s'iàu poudi-àu àuzorio bé
　　Vou randré lou màü pèr lou bé.

Lou Fàu qué vénd lo Sogesso.

Omai tro préz d'un fàu né piquéz vôtro sello [1],
Vou podé pas boillas dé pùs sagé cousséï [2];
Déypéï lou mandi déych-àu séï
Fujéz no têto séy cervello.
Sabé bé qué l'ién o càucas-vé châz loû réïs;
Mâs quouéy no chàuso diférénto.
Un princé prén souvén plozéï
(É modamo so cour n'éy pas toujour counténto
D'àuvîs boillas càuquéïs lardous
Aû foquïns, àû sots, àû fripous).
Lo léyçou po serviz si lo n'éy pas plosénto.

Un jour un fàu bromavo [3] pèr lâs ruas,
Qu'àu régotavo [4] lo Sogesso,
A boun marcha é dé boun-espesso.
V'àurias vu lou moundé sé tuas,
Dé cour-à lo plaço publico
Énté véigno lou fàu d'éytolas so boutico.
A tàü prix qué fuguéz, chacun vouillo chotas.
Is né dignovan pas soulomén marchandas.
Mâs pèr loû mièr ochalandas [5]
Lou fàu sur lou marcha, lour fogio dé lâs minas
Copoblas dé loû fas pissas dîs lours molinas;
Opréz co-qui, pèr lour argén
Lou régotiéz [6] vou porav [7] – à lo gén
Qu'éyran véngus pèr possas méytréïs,
Un boun souffl-opouya bién for,
Màï un gran trôs dé fiü rétor,
Loun dàumïn dé cïnq-ou-chiéz méïtréïs.

(1) Ne posez votre siége.
(2) Conseil.
(3) Criait à tue-tête.
(4) Revendait.
(5) Attirer à sa boutique.
(6) Le revendeur.
(7) Donnait.

Càüqûs prénguêrén co pèr màü ;
(Séloun mé quîs-qui fitén màü.
Guesso mièr vâgu dé n'én rîré,
Aubé, séy l'y fas d'otténtiü,
S'én tournas châz sé séy ré dîré
Én pourtan soun souffl-é soun fiü.)
Un dé quîs souffletas nèt-é jour l'y réybavo,
Quéü soufflé, quéü fiü l'y pésavo.
Soun imoginotiü troutavo.
Pèr n'én sobéï l'esplicotiü,
Au s'én vàï troubas n'astronomé
Qué possavo pèr n'hobil-homé.
Quàü tobîo[8] ! mé diréz-vou,
Dé vouléï, *mordicus*, troubas càüquo rosou
Dîs cé qué fàï un fàu !... Càücas vé[9] pèr-qué nou ?
Quéü qu'o l'esprit bién fa n'én po troubas pèr-tou,
L'astronom-àu foguèt bé véyré,
Tan-piéï siro pèr quîs qué lou voudran pas créyré,
É véyqui lo morolita
Dé lo fablo qué v'àï counta.

L'omi ! l'y dissè-t-éü, quéü fàu v'o pas troumpa,
Au v'o bién véndu lo Sogesso,
É coumprénéz bién so finesso,
Lo po fas vôtro sûréta.
Lou mound-éy énféci[10] dé fàus dé tout-éspesso ;
Quan vou n'én trouboréz oyas bién l'otténtiü
Dé vou ténéï luigna[11] lo lounjour dé quéü fiü,
Is vou jugorian càüco péço,
Car l'éybêti qué vàï sé mettr-à lour couta
Ey ségur dé tropas toujôur càüqué jàuta[12].

(8) Quel imbécille !
(9) Quelquefois.
(10) Empoisonné.
(11) De vous en tenir éloigné.
(12) Quelque soufflet.

L'éntèromén dé lo Liouno.

Lo fénno dàu lioun muriguèt,
Jujas si tan-ké-tan lou béïtiàü[1] l'y courguèt.
Chacun nèt fas so révérénço,
Coumplimén dé coundoléénço,
Coumplimén dé counsolotiü,
Coumplimén pèr loü morts, coumplimén pèr loü viü;
Dis dé lâs auccosiü porjêras
Dégu né po s'én ézantas.)
Lou réï vio fa tambourinas
Dis toû loü bôs, pèr lâs châriêras [2]
Qué l'éntèromén sé forio
A tal-houro, tàü jour; qu'un prévôt l'y sirio
Pèr réglias lo cérémonio,
É, dé pàu dé cacafonio,
Pèr fas ploças suivan lours réns,
Loû vézîs[3], loû omîs é loû quitéîs poréns.
Lâs bêtias doun toutas vénguèrén;
Lou lioun hurlâvo, lâs hurlêrén;
Quellas qué n'hurlén pas purêrén;
Tout-à-lo-vé, toutas bromêrén;
Loû éycô n'én réténtiguèrén,
Loû àübréîs d'àü bôs n'én trémblêrén,
Loû quitéîs rouchéz n'én branlêrén;
Jomàï Sotan, d'in soun sénat,
N'àuviguèt dé poriéz sobat.
Un courtizan éy n'amphibio
Qué, pèr éyta, jugo lo coumédio :

---

(1) Le bétail de toute espèce.
(2) Petits chemins de la campagne. (3) Les voisins.

Qu'éy no chobréto⁴ dàu mouli,
  Qué tantôt puro, tantôt ri ;
Faut qué lo gén dé cour sian toũ coumo lou méytré,
  Qui n'àu éy pas àu déũ poréîtré ;
Dirias qu'un soul-esprit l'ianimo milo corps
  É quél-esprit vàï pèr ressorts.
    Dîs quéũ poys, lo poulitesso
    N'éy mâs no ruso, no finesso :
    L'homé fran n'éy mâs n'éybêti,
Lou pũs manteur dé toũ éy toujour lou pũs fi,
Quand lo cour éy én dàu, léy-doun⁵ n'io pas qui diré
    Tou lou moundé l'y déũ puras.
(Mâs quan n'io-co⁶ qué fan sémblan dé sofrounas⁷
É qué pèr éytoufas l'énvio qu'îs an dé rîré,
    Catén⁸ dessous lour bobignou⁹
    Lou mounlé d'uno péũ d'ignou¹⁰!)
    Pèr révéniz à moun histôrio,
Lou cerf né purèt pas. Au vio bouno mémôrio ;
    Au sé souvèt qué l'àũtr-éytiũ
    Lo réïno vio, séy coumpossiũ,
    Étranglia dîs soun vézinagé,
    So bîch-é soun piti méïnagé.
Lo couléro d'un réï, coumo dit Solomoun,
    Éy no couléro bién toriblo,
    É sur-tou quello d'un réï-lioun,
(Mâs lou cerf n'o jomàï légi lo sénto Biblo,)
Au né purèt doun pàs. L'ioguèt càũqué floteur
    Qué, voulén fas soun joli-cœur,
    Au réï tou-dobor au nèt diré,
Màï ajoutèt dàu séũ, qué toũ l'ovian vu rîré.

(4) Musette.
(5) Pour lors.
(6) Combien y en a-t-il ?
(7) Sangloter.
(8) Cachent.
(9) Sous leur menton.
(10) Le moule d'une peau d'oignon.

L'ÉNTEROMÉN DE LO LIOUNO.

Lou réï émoli [11] lou mandèt ;
Lou cerf tou transi sé randèt.
Chêti [12] ! l'y di lou lioun, quand tou lou moundé puro
    Té tou-sous mé foras l'injuro
    Dé riré quand porté lou dàu [13] ?
    T'àu vas poyas mâs coum-àu fàu.
Né crézas pèr-tan pas qué mo griffo divino
    Sé chàüillé [14] subré toun-éychino.
Anén ! loups tau-ké-tan, tout-àuro, vitomén
    Dévouras-mé quél-ïnsoulén,
    Pèr vénjas l'oumbro dé lo réïno.
    — Si dé larmas n'àï versa péïno [15],
    Grand Prïncé n'én siéz pas fâcha,
Réïpoun lou cerf, guéz crégu fas pécha.
Au foun d'un bôs énté m'éyro cocha,
Vôtro digno méïta à mé s'éy porogudo [16],
    L'àï plo d'obor récounogudo,
    Couéïjado   sur un lièt dé flour,
    L'éyro bello coumo l'omour ;
    É lo m'éyblàügisso lo vudo.
L'omi ! m'o-t-ello di, gardo-té dé puras
    Quant-îs mé niran énterras ;
    Chant-àu countrâri moû louangéïs,
    Sàï ploçad-à coûta dàü angéïs,
Sàï dîs lou porodi, é aï pèr coumpoignous,
Toû loû séns coumo mé, é toû loû bién-hurous.
    Tas larmas mé forian ïnjuro.
    Laïsso, laïsso puras lou Réï
Lâs souas l'y fan hàunour, é lâs mé fan plozéï ;
    Fàu laïssas ogiz lo noturo,

---

(11) Irrité.
(12) Coquin !
(13) Quand je suis en deuil.
(14) Se salisse.
(15) Aucune.
(16) S'est apparue.
(17) Couchée.

Co prouvo soun boun cœur... Quand lou lioun àuvo co
    D'orguèil àu guèt no bouno dôso
É so cour, coumo sé s'éycrédo tou d'un co :
    Au miràcl-à l'apothéoso !......
É lou cerf réçaubèt, àulèit dé punitiü,
    No bouno grotificotiü.

    Lo moralo dé quello fablo
Éï facho pèr loû grans. Lo lour éï oplicablo.
    Lâs méïsùnjas, loû coumpliméns,
Foran toujour ploséï à dé poriéro géns,
Quand un grand countré vous s'éicliato dé couléro ;
Nas-vous-én dovan sé méttr-un jonouéï à terro
Flotas-lou, vantas-lou, sé, soû chéìs, soû pitîs,
    Vou siréz tôt de soû omîs.

Lou Lioun é lou Mouchou.

FUGIRAS-TU, ab–àubé nou?
Pitit ovourtoun dé noturo!
Digi-un lioun dé grand-émouluro,
Au pûs chéyti, béléü, dé toù loû mouchous.
Quéü-qui né fàï ni un ni dous,
Au l'y vou décliaro lo guerro.
Crézéï-tu, dissè-t-éü, qué toun titré dé Réï
Mé fazé ni pàu ni éynéï?
Lou biàü éy bé pûs gros qué té dénguêro
 Màï lou viré dovan-doréï.
Quan mounté subré sé àu n'o so bouno charjo,
 Lou fàu troutas à moun plozéï.
Lou mouchou, dizén co, soun-aussitôt lo charjo;
 Sé-méimo pourto l'éytandar,
 Éy lo troumpett-é lou soudar,
 Lou corobinier, lou cosaco,
 L'éyta-major, lour courpouràü
 É l'armad-é lou générau.
 Au fàï d'obor no fàuss-otaco,
 Fàï sémblan dé fugiz... é craco!
 Rapo finomén pèr lou càu,
 Lou lioun qué cujèt[1] véniz fàu;
 Au n'éycumâvo dé couléro,
 Dé soû péz trépavo[2] lo terro.
 Lou fèt l'y sort pèr loû doû éïs,
 Au sé migro[3] dé né poudéï

---

(1) Faillit à devenir fou.
(2) Trépignait.   (5) Il s'enrage.

Jâpis[4] quello pitito moucho;
Au hurl-àu sé couéij[5] -àu sé tor.
Vézén so mojesta foroucho
Tou lou moundé créü esséy mor.
Qu'éyro pèr-tan no bogotello,
É quello tranc-universello.
Éyro, tou bounomén, l'oubragé d'un mouchou;
Dàu càu àu sàut-àu croupignou[6];
Sur quéü gran cor àu sé déguéillo[7],
Séy s'éymoré, séy s'éytounas,
Tantôt lou pico dîs n'àureillo,
Tantôt l'y vàï brundîs[8] déychant-àu foun dàu nâz,
S'y carro coumo dîs no cajo.
Quéy léy-doun qué lou lioun s'énrajo,
Dé so toriblo couo àu fàï tundîs[9] soun flan;
A bellas déns àu sé déychiro,
So griffo lou mèt tout-én-san.
A-lâs-fis lou mouchou plo countén sé rétiro
Dropéü én lèr, tambour bottan.
Én lo troumpétto dé lo glôrio
Au vio souna lo charj-àu souno lo vitôrio,
Vàï pèr-tou l'onounças, mâs rancountr-én chomi
No raigno[10] qué fàï so rantello[11],
Au sé vàut prèimas[12] tro préz d'ello,
Quél-ïnsoulén vénqueur l'y rancountro so fi.

Dïn quell-histôrio méïsùnjéro
L'io douâz bounas léyçoû, é véyqui lo prémiêro :
Noû fozan jomàï d'énémîs,
Is sount toû copabléïs dé mordré,

(4) Saisir.
(5) Se couche.
(6) Le croupion.
(7) Se divertit.
(8) Bourdonner.
(9) Retentir.
(10) Une araignée.
(11) Toile d'araignée.
(12) Approcher.

É bién souvén loû pûs pitîs
Baillén màï dé fiü à rétordré,
Quéü lioun àu proùv-éïvidomén.
É lou mouchou, ségoundomén,
Moutro qué dîs lo pa, coùmo dîs lo guêro,
L'orguèil tôt-àu-tar éy puni.
Tàü brovèt lo mèr én coulêro
Qué sé néjo [13] dîs n'éycrupi [14].

13) Se noie.   (14) Un crachat.

Lâs Fénnas é lou Sécret.

R é dé pûs pésant qu'un sécret,
Sur-tou pèr lâs lïngas fémélas.
(Mâs quan d'homéîs, pèr lâs nouvellas
Sount dé lâs fénnas tout-o-fèt !)
Pèr éyprouvas lo souo, l'ïn guèt un qué crédèt,
Couéija coumo ello no nèt,
Holas !... n'én podé pùs !... Quàù trénchodas 1 !... mé mèiré !
Quàù supplicé !... bouéz-véï 2!... sàï acoucha d'un yàù 3.
— D'un yàù ? — Aplo téy vizo lou poungu fràïch-é tou nïàù 4.
Mâs tu n'àu dîras pas ï-espéré,
Is mé pélorian poul-é toû quîs qu'àu sàubrian
Dé toun homé sé moucorian ;
Au noum dé diü, prén l'y bién gardo,
É né nas pas fas to bovardo.
— N'oyas pas pàu dé co. Té juré sur mo fé
Qué fiat-pèr-mé 5
Dégu n'én sàubran jomàï ré.
Mâs quéü béü saromén durèt déich-à l'ororo.
A lo pouncho 6 d'àu jour quello fénn-éï défôro 7 ;
Lou sécret dé l'éivénomén
L'y péso màï qué soun argén.
Lo court vîté troubas so pûs procho vézino.
Mo coumàï, dissèt lo, ïàü vou véné countas
(Sous lou pûs grand sécret) lou pûs drôlé d'ofas,
(Mâs vouén préjé n'én parléz pas

(1) Fortes colliques.
(2) Vois donc !
(3) D'un œuf.
(4) Tout neuf.
(5) Quant à moi.
(6) Pointe.
(7) Dehors.

Pèr-cé qué vous mé forias battré.)
Nôtr-homé qu'o poungu un yàü gros coumo quatré !
   Pas-vràï qué lou tour éy curiü ?
   (Vàu baillé sous lo coufessiü)
   Pèr lâs cïn plojâs [8] d'àu boun-diü,
   Né tournéz pas dîré lo chàuso ;
   Vous sobéz qué Liàunar éy viü [9],
Au mé roumprio loû bras é vou n'én sirias càuso.
Pèr quî mé prénéz-vou ? réypoundèt lo coumàï,
   Vou mé counéïtréz doun jomàï ?
N'apriandéz pas [10] nâ-vou-s-én bién tranquillo.
Lo fénno d'àu poundeur, s'én torn-à soun oustàü,
   É véyqui l'àütro pèr lo villo.
Lo tobûto [11] dàumïn à màï dé diéy pourtàü [12]
   Pèr-tou quéllo lingo dé péillo [13]
Aulèit d'un yàü n'én dissèt doû poréîs [14]
N'àütro qu'àu ropourtèt n'én métèt déych-à tréîs,
N'àutro cïn, n'àutro chiéîs, mâs toujour à l'àureillo
Précôtiü qu'à miéz-jour né servio gro dé ré,
Car n'iovio pûs dégu qué n'àu sàubessan-bé.
É dé quéü pàubré yàü, grâch-à lo rénoumado,
   L'àuméntotiü nèt si boun trïn
   Qu'ovan lo fi de lo journado
   L'ïn guèt no grosso [15] pèr lou mïn.

Mâs qué volén-t-îs doun à lâs pàubras féméllas ?
   Sount lâs pûs bovardas qué noû ?
   É sount noû mïn lïngogéz qu'ellas ?
Vizas ! n'àu créirio pouén. Màï né sàï pas lou soû.

(8) Par les cinq plaies.
(9) Léonard est vif.
(10) N'ayez pas de crainte.
(11) Elle heurte, elle frappe.
(12) Dix portes cochères.
(13) Babillarde.
(14) Deux paires.
(15) Douze douzaines.

Noû noû chetténén[16] éntré nàûtréîs ;
Un sécret n'éy pas mièr cota soû un chopéü.
Si no fénn-én-tou-cas gardo màü quéü dàû àûtréîs,
　　Dàumïn lo gardo bién lou séü.
　　É lou yàü dé quél-homé-poulo,
　　N'éy pas pèr ello touto soulo ;
　　Loû homéîs n'ànt lours bounas parts.
　　Dirias qu'o plogu dàû bovards.
　　Toutas lâs ruas n'én sount povodas
　　É forço méïjou topissodas.
Dovant dàû ûs qué l'io, lou mïndré mou lâcha
　　Court conm-un chovàü déytocha.
　　Is n'ant pas pàu dé fas pécha.
　　Coumo lou poundour îs l'ïnvéntén ;
　　Coumo so fenno îs lou rocountén ;
　　Coumo lâs coumàï îs l'àuméntén ;
　　Én pourtan perd-îs sé counténtén ;
　　Is n'ant mâs plozéï quant-îs méntén ;
　　Is n'ant jomàï pàu dé fas tort,
　　Séz-vou molàud-îs vou fant mort.
　　Lo déyrosiü, lo médiséngo,
　　Sount po-bénéï[17] pour quell-éngénço.
Pèr-qué noû né pouran jomàï loû counvertîs,
　　Dàumïn moucan-noû bién dé îs.

(16) Nous nous soutenons.　　(17) Pain-béni.

Lou Rat é l'Éyléphan.

Sé créyr-un persounag-éy fort coumun én Franço.
Tàü fàï soun seignour d'impourtanço,
Qu'éy càücas-vé mïn qu'un bourjéï [1] ;
É quéü màü sé po bién pélas lou màü françéi.
Lo soto vonita noü éy particuliêro.
Loû Espoignàû sount fiers, màs d'un àütro moniêro.
Lour orguèil mé sémbl-un piti
Pûs drôle màs mïn éybêti.
Séy vouléï fas lou boun apôtré
Boillan càüq-éyzamplé dàu nôtré.
Un piti rotillou vézén un éyléphan
Qué sémblavo no tour, rigio dàu marchas lan
Dé quello bêti-à hàut poragé
Qué marchav-à gros éyquipagé.
Sur l'onimàü, à tripl-éytagé
No grosso damo dàu Péirou,
Soun ché, soun cha màï so gụénou,
Soun perroquét, so viell-é touto so méijou,
S'én n'ovan én pélérinagé.
Lou rat vio dégréü [2] qué lo gén
Courguessan admiras quello pésanto masso,
Coumo si d'occupas pàü màï, pàü mïn dé placo
Noû randio, digio-t-éü, màï àu mïn ïmpourtan.
Eh moun diü, qu'odmiras-vou tan ?
Homéîs qué voléz fas loû sagéîx ?
Sirio co quéü gran cor qué fàï pàur-[3] àû méïnagéîx ?
Nàütréïs rats, quoiqué pûs pitîs,
Noû crézén dàumïn tan qué îs,

---

(1) Bourgeois.
(2) Dépit.   (3) Peur aux petits enfants.

Màï né fan pas tan d'éytolagé ;
Sochas qué piti éïvéri [4]
Vàu mièr qué grò éitolourdi.
Au n'àurio bé dit dovantagé,
Mâs càüqué chat dàu vésinagé
L'y foguèt véyr-én lou goban
Qu'un rat n'éyro pas n'éyléphan.

Rapo, rapo quell-én possan
Piti fiéiroun [5] qué fas toun olézan,
É prén quéü counté pèr coumptan.
Lou counteur én lou té countan
Té baillo l'ovis impourtan
Qu'à l'àureillo t'én pén àutan.
T'àurias béü fas toun for dé lingo,
N'éipéïo [6] vàu màï qu'un-éypingo.
Prén éyzamplé sur quéü rotou
É souvèt té qu'uno suringo
N'éy pas no péço dé conou.

(4) Petit éveillé.
(5) Diminutif de fier.
(6) Une épée.

Lou Lébràü é làs Gronouillas.

Un bëü lébràü tréy-quarts qué sé téign-agrumi
Dïn soun ni,
Éntré sé-méimo rèibossavo
(Car dïn-t-un ni, càücu qué né deirt pas
Qué po-t-éü fas
A mïn dé rèibossas?
Quéü pàübré cor sé trocossavo,
Lo pàu nét-é-jour lou rôjavo,
Lou chogrïn lou tolofissavo,
Lo méychant-himour l'éytoufavo.
Moun diü! sé dijio-t-éü, né counéïssé dégu
Dé pûs molburoû qu'un pàuru.
Au né po pas mïnjas boussi qué né proféché ;
Jomàï dé plozéï pur ; jomàï d'éndré qué péché
Lou mettr-à l'obri dàû dangéz
Qué nàïssént toujour soû soû péz.
Véyqui pèr-tan lo vito qué ïàü méné,
Ïàü trimouillé si mé perméné ;
Si dermé qu'éy loû éîs déybers,
M'ïnjé, bévé tou dé trovers.
Corijas-vou, diro càüquo sajo cervello :
Mâs lo pàu sé corijo-t-ello ?
Crézé méimo qué, pèr mo fé,
Loû homéîs àut pàu coumo mé.
Qu'éyr-éntàü qué philosophavo
Lou lébràü qué toujour gàïtavo.
Lo pàu dé càüq-éyvénomén,
Lou mïndré bru, lou mïndré vén,
L'y vio tôt fa véniz lo féüré
È fa possas l'énvio dé béüré.

    Quéü mélancoliqué lébràü
  Réybossant doun sur quello motièro
Énténd un piti bru, co fuguèt lou signàü
    Dé vîté gâignas so tonièro
    Qu'éyr–àu béü mitan d'un pénàu.
    Cherchant à prénéï l'éycourchêro,
    Au pass-àu péï d'uu gronouilléz
    É véü n'armadó tout-antièro
Dé gronouillas sàutas àu béü foun d'un bourbiez.
Oh ! oh ! sé dissè-t-éü, sàï ïàü doun grénodiéz ?
    Éyfrédé lou camp tout-antiéz !
    Lou mound-o pàu dé mo présénço !
    D'énté mé vèt tan dé voillénço ?
    Iàü randé doun, én mé sàuvant,
    Aû àûtréïs, lo pàu qu'ìs mé fant.
    Sàï doun càüqué foudré dé guerro ?
    Oh ! pèr lou co, ïàü vézé bé
    Qué n'éy pas dé couard sur lo terro
    Qué ne traicho pûs couard qué sé.
    Un bochélier qu'àurio fa so licénço,
    N'àurio pas mièr tira lo counséquénço ;
Mâs tout-én rosounan moun lébràü fujiguèt.

    Quello léyçou mé poréï bouno
    Pèr forço dé quìs fréluquets
    Que fant lours doctours dé Sourbouno
Dovant loû ignoréns qu'ant pàu dé lours coquets,
    Mâs dovant càücu qué rosouno
    Né sount mâs dé francs bouriquets.

Lo Mort é lou Mouribound.

Lo mort né po jomaï surprénéï l'homé sagé,
Quéüqui toujour préït à partiz
Sait dé sé méimo s'avertiz
Quand lou téms éy véngu dé fas lou grand vouyagé.
Quéü téms hélas ! quéü téms éy dis toüt âgé.
Qu'un calculotour lou partagé
Én jours, én houras, én moméns,
Au n'én trouboro jomaï péns
D'ézamp dé poyas quello taillo,
 É qué péché serviz dé port
 Countré loû hûchers dé lo mort.
 Pèr-tout lou moundé lèi poriêro.
 Lou momént qué lou fils d'un réï
 Daïbro loû éîs à lo lumiêro
 Éy bién souvént quéü qué l'o préï
Pèr l'y boras pèr toujour so paupiêro.
 Lo sé mouquo dé lo grandour,
 Éymé, béüta, vertu, richesso,
 Forço, santa, vigour, jaunesso,
 Prudénço, vonita, sogesso,
 Lo mort gaffo tout séy pudour ;
 Au mound-antiéz, càüqué béü jour,
 Lo jugoro lo méimo péço.
 N'io ré dé pûs asségura.
 Quello varta né faï gro riré ;
 É pèr-tant noû podéns bé diré
Qué l'io bién paü dé géns qué l'y siant prépora.
Un mouribound qué vio no cénténo d'annodas,
Sé ploigno qué lo mort lou préigu-én trohisou.
Counvèt-co, digio-t-éü, impitoyabl-avâro,
 Dé m'ossimas séy diré : garo ?

11

É daumïn boillo-mé lou tén
Dé fas moun quité testomén.
Mo fenno né vàu pas qué m'én ané séy ello;
Iaü dévé moridas n'arier-piti-nébou,
Fàu qué fazé bâtiz un ségound povillou
    Hujan dîs mo méïjou nouvello.
    Pèr-qué mé tant tolofissas?
    Boillo mé lou téms dé pénsas
    A mettr-ordr-à toû moû offas.
. Qué pélas-tu? sé dissèt lo comardo,
T'aï iaü pas dit souvén d'esséy toujour én gardo?
Iaü dévio, dizéï-tu, té véy boilla l'ovis
    Dé té ténéï préït-à partis,
Iaürio trouba to nesso moridado,
Toun testomén sinna màï to méïjou chobado.
Coumo té fàu co doun loû overtissoméns?
    T'én ranvouyav-à toû moméns.
    Tu countas cént ans d'existanço.
    N'én trouborias-tu forç-én Franço
    Qué mo faucill-àyé làïssa
    Tan loun-téms én bouno santa?
N'as-tu pas vu chaqué jour dé l'annado
    Fas lou poqué dé càuqué comorado?
Loû jàunéîs màï loû viéîs, làs fillas màï loû garçoû
    Dovant té disporéchian toû.
    Créizias-tu doun restas tout-soû
    Dis quetté moundé qué t'éychapo?
    Lo terro té po pûs pourtas
    Én tas lunettas sur lou nâz,
    Én tas béquillas sous loû bras.
    M'éyviz qué t'as gu toun éytapo.
    Anén, anén, viéï rangouignous
    N'iàuro pas toujour tant pèr tous.

Tan-qué-tan, tout-hàuro, déytalo séy réplico,
    É qu'émpourt-à lo républico
    Qué tu fozas dé testomén?
Tu n'àuras jomàï pûs méytiéz dé lujomén.
Lo mort vio bién rosou ; é très certénomén
A quél-agé fàu fas soun poqué gayomén,
    Dîré boun-séï é rémerchas lo gén
A qui noû àn servi d'éynéï é dé turmén
      Si loun-téms.

Dé quéü counté, pas-vràï qué lo moral-éy bouno?
Iàüvé pèr-tan lou viéillar qué pampouno,
Tant-piéï pèr sé s'iàu fosio lou mutïn :
    Car n'én siro ni màï ni mïn.
    Dé qué l'y sert co dé véy pàuré ?
    Cé qu'o couménça déü finiz,
    Lou jàun-homé po bé muriz
    Mâs lou viéillar né po pas viàüré.

Lo Cour dău Lioun.

Siro lou lioun, un jour vouguèt counéïtré
Dé quàü poïs éyro soun pàï;
Un réï éntàü parlo toujour én méïtré,
É dégu lou déimén jomàï.
Au randèt doun un-ordounanço
Pèr assémblas soû états-généràüs,
É voû dovinas bién d'ovanço
Cé qué foguêrén loû béîtiàüs.
Is vénguêrén toû à lo fêto
Qué dévio duras tout un méï.
Dé loû bién régolas dàü péz jusqu'à lo têto
Dìs làs solas dé soun polàï.
(Lou polàï d'un seignour qué fàï tant dé carnagé
Déü màï pudiz qu'un viéï froumagé.)
Qué l'iàuro dé tout ni màï-màï,
Dé lâs fléîta's, dé lâs chobrettas,
Dàû panténs, dé lâs marionettas,
Dàû jugodours dé goubéléîs,
Déicha dàû tours dé jobissiêro,
Pèr fi d'éitolas soun poudéï
Dovant lo notiü tout-antiêro.
L'ours arriba lon béü prémier,
Tout dé go, fraü-ké-braü, éntrant dìs quéü charnier.
Pouah! sé fit-éü én bouchant sas norinas.
Au sé guéz bé possa dé fas dé tolas minas,
Car siro lou lioun déypita
L'énvouyèt châz lo mort fàïré soun déigoûta.
Lou sïng-approuvèt fort quello sévérita,
Vantèt lo griff-é lo couléro
Dàü méillour prïncé dé lo terro.

Coumen! sé digio-t-éü, rébutas quell-àudour!
> L'io co pén parfum, péïno flour,
> Qué n'én répandé dé méillour?
> Mâs nôtr-éybêti dé flotour
> Pèr n'én trop dîré guèt soun tour.
> S'iàu guéz mièr counogu l'histôrio
> Au guéz trouba dîs so mémôrio
> Qué quéü gran mounseignour dàu lioun
> Éyro préz porént dé Néiroun.

Lou rénar éyro qui pouya countré no soucho
> Fozén soun boun sainto Nitoucho.

Orça, dissèt lou réï, parlo franc, vâq-éyci;
> Qué séntéis-tu té qu'as lou nâz tant fi,
> Réypoun-mé séy té déguisas.
> É moun rénar dé s'escusas.
> Mounseignour, sé l'y dissè-t-éü,
> Sàï tant énrhuma dàu cervéü
> Qué déypéï màï dé trèis sénmonas
> Né podé ré séntiz dàu tou,
> Pas màï lou méychant qué lou bou.
> Én prénén qnello déyvirado,
> Méytré rénar sàüvé bién so courado.

Quello fablo v'aprén qu'én parlant à un grand,
Né faut ni trop méntiz, ni sé moutras trop franc,
Mâs tochas càüco-vé dé réypoundré en normand.

Lou maü morîda.

Si tou cé qu'éy bràv-éyro bou
Déypéï démo préndrio no méïnojêro :
Mâs coumo lou divorç-éy souvén dîs méïjou
É qu'un béü corps chobis souvén n'âm-àuzéliéro ;
Quan ruminé sur quél ofas,
M'éyviz qué foràï bién dé mé pas tant pressas.
Iaï vu forço dé moridagéîs
Qué poréichiant bién béüs, bién sagéîs :
É daù homéîs loû quatré quarts
    Aimént jugas quéü jeu d'hozard ;
Mâs loû tréîs quarts, àu mïn, à-lâs-fis s'én répéntént ;
    É quîs qué n'àu dizén pas méntént.
Iàü v'oun vàu citas un qué, s'étant répénti,
    Fuguèt vira dé prénéï lou parti
    Dé ranvouyas so char-éypouso ;
    Socripan, ovaro, jolouso,
Ré sé fogi-à soun gra, ré n'éyro coum-àu fàu,
    É lo v'àurio fa véniz fàu.
Is sé lévént trop tard, sé couéijént trop dobouro ;
Moussur né sungni-à ré ; Moussur déypénço tou ;
    Moussur s'én vàï, Moussur domouro,
    Moussur vàut toujour véy rosou.
  Lo n'én dit tant qué Moussur à lo fi
    Gâté d'énténdré quéü luti,
    Vou lo ranvouy-à lo campagno
Châz sous poréns. Lo véyqui doun coumpagno
    Dàû pâtréîs, dàû bouyers,
    Dàû méytodiers,
  Dé lo pitito d'ïndouniéro,
  Ni-màï dé lo quîto pourchêro.

Au bout dé càüqué téms, quan soun homé créguèt
　　Qué l'àurio béissa soun coquèt,
Au lo foguèt tournas é l'y dit : Mo pitito,
　　Coumo véz-vou possa lo vito?
Véjan, countas-mé co. Eh bé, qué fogias-vou,
L'inoucénço dàü champs éy lo dé vôtré goû?
— Asséz, sé dissèt-lo ; mâs cé qué m'éndioblàvo
Qu'éyro dé troubas dé lo gén san-souçi,
　　D'énguéras pûs fénians qu'éyçi ;
　　Éytopàü loû vou soboulavo
　　Qué, dé-ségur, ré n'y mancavo
A tout-houro dàu jour, lou séï màï lou moti.
　　Aussi quell-éngénço rustico
　　M'éïmavo coumo lo colico.
　　Crézé bién qué tardav-à toû
　　Qué lour guéz vira loû toloû.
　　Dàu diâblé si pén mé régrétto.
　　— Coumo dizéz-vou?... L'àu répétto.
　　— Ah Modamo! qu'ovéz-vou dit?
　　Si v'ovéz tant molïn esprit
　　Qué lo gén dé vôtré vilagé
　　Qué vou végiant mâs-kan lou séï
　　Sount déïjà gâtéïs dé v'ovéï,
　　Qué siro-co doun d'un méssagé
　　Qué déürio suffriz vôtr-himour
　　A toû loû quart-d'houras dàu jour?
　　É mé doun qué touto lo vito,
　　A méimo lièt, méimo marmito,
　　Défôro ni-màï dìs méïjou,
　　Couèija, léva, toujour, pèr-tou
　　Viàüré coum-un poriéï grifou?
　　Modamo vou fàut bién pardou ;
　　Quell-éypreuvo sirio trop rudo.
Tournas-vou s-én chàuplàs d'énté vou séz véngudo,

É si jomàï mé prén lo téntotiü
Dé vou fàs révéniz, volé qué lou boun-diü
    Séy miséricordio mé damné,
  Màï qu'éy bé piéï, qué mé coundamné
    A véï péndén l'Éternita
Douaz fennas coumo vou, uno dé chaqué coûta.

    L'àutour n'o pas méï dé moralo,
    N'én véyqui uno tallo-quallo :
    Quello fablo régardo toû
        Loû hargnioû.
    Sé mouché qué sé sént vourmous ;
    Sé gratté quéü qu'àuro lo galo ;
    Car tôt-àu-tard co sé véyro,
    Quéü qué fàï potiz, potiro.

Lo jàuno Vévo.

Un couménçomént de véyagé
Né vàï jomàï séy grand topagé.
No jàuno vévo dit : vàut muriz dé doulour,
L'au dit bé, mâs pèr-tau, lou chogrïn prénd soun cour
Sur lâs âlas dàu téms, lo tristesso s'én volo,
Lo jàuno vévo sé counsolo ;
Lou téms roméno lou ploséy,
Goris lou màü, chasso l'éynéy.
Pézas lo vévo d'un-annado
É lo vévo d'uno journado ;
L'iàuro forço déchàï é dégu né créïriant
(Sàuco dé quîs-qui qu'àu véïriant)
Qué co chio lo méïmo persouno.
L'uno crédo toujour, puro, gémis, soffrouno ;
Lo fàï fugiz toû loû châlans ;
É l'àütr-ablado loû golans.
Si càücu n'àu vouillo pas créyré,
Quello fablo l'iàu forio véyré
Aubé pûs-tôt quello varta
Qué nôtréîs vézîs m'ant counta.

L'homé d'uno jàuno béüta,
Partiguèt pèr l'Éternita
Lou léndémo qu'àu guèt testa.
Lo jàuno fénn-à soun coûta
Sé désolav-à fas piéta.
Pàübr-omi ! tu séz défûnta !
Sé dijio lo, mâs to téndro méyta
Té vàï fas véyré l'omita

Qué soun cœur t'o toujour pourta.
Pèr toû téms é jomàï quéü cœur éy déygouta
   Dé toû loû ploséïs dé lo vito,
   N'io pûs, n'io pùs pèr to pitito.
Atténds-mé, moun omi, noû partirant toû doù.....
   (Mâs l'homé partiguèt tout soû.)
Lo bello vio soun pàï qu'ovio bouno sénséno ;
   Au làïsso possas lo quïnzéno ;
Sèy fas sémblant dé ré, lo làïsso biéṇ chùṇlas.
   A-las-fis, pèr lo counsolas,
Mo fillo, l'y dit-éü qu'éy prou fas lo nigàüdo.
Lou mort qu'o-t-éü co-fas qué vous toumbéz molàüdo ?
   V'o ïàü pas làïssa prou dé bé
   Pèr poudéï vous possas dé sé ?
É quand vous purorias milo vés màï d'énguêro
   Lou tirorias-vous dé sous terro ?
Tant qué l'io tant dé viüs, mo fillo v'ovéz tort
   Dé pénsas toujour à quéü mort.
Né disé pas, sitôt, qu'un nouvéü moridagé
   Véigné troublas vôtré vévagé :
   Counvéné qué co sirio màü
Dé vouléy, tout d'un co, possas d'àu fré-t-àu chàü,
Lou moundé jâzoriant dïs tou lou vézinagé.
Mâs dàumïn permettéz qué dïs càüq-an d'éyçi
   Iàü vou proposé un grau parti
Qué siro, dé-ségur, cént vés mièr assorti
Qué lou pàübré défün (dovant Diü sio soun âmo).
   Un jàuné drôlé bién bâti,
   Sagé, riché, tou féi-t-é flâmo...
— Ah ! pàï ! sé dissèt-lo, lou soul éngajomént
   Qué mé counvéit, qu'éy lou cros d'un couvént,
   M'y vàut sébéliz tout-én-vito.
Lou pàï né dit ré pùs ; àu làïsso lo pitito

Fas bravomént lo digestiü
Dé soun projet, màï dé soun affliciü.
Lou prémiéz méy sé passo dé lo sorto :
Mâs lou ségound, lo doulour éy mïn forto.
　　Chaqué jour, ïnsansibloménт,
　　Lo couéïfuro, l'hobillomént
　　Sé séntént dé quéü chàngniomént.
　　Au bout dàu méy, finalomént,
　　Lo tristesso changnio dé plaço,
Lo béll-à toû moménts, sé mirant dîs so gliaço,
Trobo qué lou grand-dàü l'y vàï coumm-un bijou.
　　Pûs dé sobat dîs lo méijou.
　　Loû plozéîs, un à un tournèirént.
　　Autour d'ello toû sé sicliérént ;
　　Lou rîré, lo danso, l'omour
　　L'y fant troubas lou téms tro cour,
　　É pèr éylounjas lo journado,
　　Fouillo toujour càüco véillado.
　　Bref, lou pàï n'éy pûs alarma
　　Dàu pàübré défün tant aïma.
Mâs coumm-àu né dit ré dé lo noço futuro,
　　Lo béll-à joyous-éncoluro
L'y vénguèt : Mâs popa !.. véyqui biéntôt chiéîs méy...
É quéü boun parti qué vou m'ovias prouméy ?

　　Lou mound-o bién rosou dé dîré,
Qué nôtréîs héritiéz né purént mâs pèr rîré.
Homé, fenno, pitîs, nôro, géndré, béü-pàï,
　　N'éy mâs dé plàïgnèï qui s'én vàï.

L'Ané é soû Méytréis.

L'ANÉ d'un jardiniéz sé ploigno dé soun sort :
Parbléü ! disio-t-éü, qu'éy bién fort
Quîs mé déijéivant tant dobouro !
Toû loû motîs ïaü saï bâta
Pèr lou mïn màï d'uno gross-houro
Avant qué dîs méïjou, pén jàü aïo chanta.
É pèr que fas chàuplâs? vizas lou béü solâri !
Pèr pourtas càüquéîs chàux à lo plaço dàü bans?
Màï, mo-fé, qu'éy plo nécessâri
Dé troublas moun répàü pèr dàü chàux verds àu blans.
Lou sort oguèt piéta dé lo pàübro mounturo,
Au lèt d'un jardiniéz, àu l'y boill-un toneur
Pèr méytré ; mâs pèr avanturo
L'infectiü dé lâs péüs l'y boillo màü àu cœur.
Chouquo lou délicat pourteur
Qué régretto soun prémiéz méytré.
Ah ! dissè-t-éü, né sàï pas traîtré,
Mâs n'àï jomàï pourta dé fardéü si pésant.
Màï d'énguêro quan mé viràvo
Toujour, tout én chomi fozant,
Séy fas sémblant dé ré gomavo
Dé solado, dé chàux càüqué bri, càüqué flàï
Qué mé coûtavo ré mâs dé viras lou chàï.
Auro pèr lo pàübro bourico
N'io pûs mâs-kan dàü cos dé trico,
Oyas piéta dé mé boun diü !
Lou boun-diü n'àütro vé n'én guèt bé coumpossiü ;
Au changni-énguêro so fourtuno,
Au lou boill-à un charbouniéz.
Ah ! co fuguèt bé piéï. Aütro plaint-impourtuno.
Coumén ! dit lou boun-diü, l'io co ré dé poriéz ?

Quél âné, sé tout-sous, baillo màï d'exercicé
   Qué trénto réîs né pouriant fas ;
   Créü ïaü qué n'àï pas d'àütr-ofas
   Qué dé counténtas soun copricé ?
   Créü ïaü qué, sous lou firmomént,
   N'iayé mâs sé dé méïcountént.

Lou boun-diü vio rosou. N'io dégu qué né groundé
   Sur l'éytat qu'àu tèt dîs lou moundé.
Chacun l'y véü toujour àu lou *ti*, àu lou *ta*.
Quello fenno voudrio n'éîtré pas moridado,
   Lo fillo voudri-esséy moma.
Tou lou moundé sé plaint ; chacun fàï sò réquêto :
Qué lou boun-diü l'apouént-én méimo téms à toû,
Crézéz-vou bounomén qu'îs siriant pùs huroû ?
   Ah ! tant màï àu forio pèr noû,
   Tant màï noû l'y roumprian lo têto.

Lo Moucho é lo Diligénço.

TRÉIS poréîs dé chovàüx traînant lo Turgotino
Né poudiant pas grîmpas sur un-bàüto colino.
Is viant lou souléï sur l'éychino,
Dàu sablé sous loû péz. Quîs chiéîx chovàüx randus
Chuovan toû coumo dàû perdus.
Is bodovant lo lïngu-é toû chiéîx létéjovant.
Én pénsant d'avanças, quan lours péz coulénovant
Lâs pàübras bêtias réculovant.
Loû vouyojours s'én éimojovant :
Fennas, mouéïnéîs, viéillars, tout éyro dovola.
No moucho qu'àu véguèt, vèt fas soun émbrénado ;
Arri ! sé dissèt-lo, oh hû ! oh hé ! oh jà !
Lo créü tou fas marchas én càüco boumbounado,
Lo s'én onèt d'obor campas sur lou timou ;
Adréz lo vàï piquas lou nâz dàu poustillou ;
A chacun dàû chovàüx lo boillo so fissado,
    É coum-un généràü d'armado,
Lo vàï, lo vèt, lo brüud, dovant, doréï, pèr-tou
    Lo brandino soun oguillou.
A-lâs-fis, quan lo véü déimoras l'otélagé,
Ah ! dit-lo, cé qué qu'éy qué d'ovéï dàu couragé !
    Mâs, pèr-tan, qu'éy tou fiat-pèr-mé.
    Dégu m'àïdo dàu bout dàu dé.
    Lou mouéïné dijio son bréviâri ;
Màï, mo-fé, dîs quéü téms qu'éyro plo nécessâri !
    Lâs fennas dijiant no chansou :
S'ogichio-co d'un air, màï dé soun récoursou ?
Pèr-tan l'àuva-chio-diü n'én sàï véngud-à bou.
    Qu'éy vràï qué sàï tout-éylénado,
Mâs débéü dé trobàï lo voïtur-éy sàuvado ;
É dé quéü méychant pas, mé soulo l'àï tirado.

Çà, Messieurs loû chovàûx ! pouén dé mâchiéz-manéï,
Poyas mé tan-qué-tan lo péno qué ïaï préï.

Véyqui plo coumo fant quîs fodars d'împourtanço
  Qué vant toujour boutas lóur nâz
  Châz lours vézis, dîs loû ofas
Ént-ìs n'énténdént ré, qué loû régardént pas.
  Quéü moundé sount coumuns én Franço.
Pèr lou bounhur public, é coumo dé rosou,
Tou lou moundé déüriant loû chossas dé pèr-tou.

L'Ané qué porto lâs Réliquas.

Un âné charja dé réliquas
(Lâs véignant béléü dé Grammoun)
Aüvo chantas lou *Te Deum;*
Véü boras toutas lâs boutiquas ;
Sortiz lou moundé dé méïjou ;
L'un à jonouéï dovant so porto,
L'àütré doréï soun borèirou,
Toû fant lou signé dé lo crou.
Sé vézént fêta dé lo sorto,
Quéü bàudèt, coumo dé rosou,
Sé figurèt qu'îs l'adorovant.
Mâs càücu dé quîs qué possovant
L'y dissèt : Pàübré peccata !
Touń ïnsolénto vonita
Né môtro mâs-kau to bêtizo
Qu'éy cotado sous to péü grizo.
Quellas préjèras, quél éncént
Né sount pas pèr toun nâz ; lâs s'adressént àu saint.
Counéï mièr quîs qué té counéïssént,
Quan méim-éņ l'éncénsoir îs té roumpriant lâs dénts.
Co n'éy mâs-kan loû bous saints qu'îs éncéncént.

Un magistrat bouriquèt
Éy l'âné dé quello fablo.
So ràüb-éy bé respectablo,
Mâs sé !... *Boun séü, bouno nét.*

Lou Serpént é lo Limo.

Is countént qu'un serpént vézi d'un horloger
(É co n'éyro pas séz dangéz
Qu'éyro pèr l'horloger un méychant vésinajé)
Éntrèt dîs lo boutiqu-é, cherchant à mïnjas,
N'y rancountrèt, pèr tou poutajé,
Qu'uno limo d'ochier qu'àu sé mèt dé rôjas.
Quello limo l'y dit, màï séy s'éimòré gàïré :
Pàübr-ignorén ! qué préténdéï tu fàïré
Quan t'otocas pûs fort qué té?
    Piti serpén à této follo,
    Pûs-tôt qué d'émpourtas dé mé
    Soulomén lou quart d'un-obolo,
    Tu té roumprias toutas lâs déns.
    Né cragné mâs quellas dàu téns.

Co-qui s'adress-à voû, esprits dàu darniéz ordré
Qué, n'éytant boû à ré, cherchas toujour à mordré.
    V'ovéz béü vou battré lou flan,
Vôtras ritas, jomàï, n'éiténdrant lours rovagéîs
    Sur tant dé bous é béü oubragéîs
Qué sount pèr voû d'ochier, dé brounzé, dé diéman.

Lo Lèbré é lo Perdrix.

Lo lébr-é no perdrix, counténtas dé lour sor,
Dis lou méimo pénàü viviant for-bién d'occor,
Quan no troupo dé chéis-dé-chasso
Lour foguêrén changnias dé plasso.
Lo lèbré qué jomàï né dèrt
Séy qué lo n'ayo l'éï déybèrt,
É qu'o toujour l'àuréill-én l'èr,
Aüvo jopas ; é zesto, zesto,
Lo né domando pas soun resto.
Lo counéichi-un boun cros, lo l'iéï dis quatré sàuts.
Ah! Messieurs mes amis! coumo lo déiviardavo !
Guéssas dit quàu sobat, lou diâblé l'émpourtavo.
Bref, lo mèt loù chéis én défàut ;
É sé méimo méîtré *Brifàut*
A quîs pén gibier né résisto,
Coum-un àutré perdèt lo pisto.
Mâs lo lèbré sé trohiguèt.
Lo fin-àudour qué surtiguèt
Dé soun corps éychàüra, lo foguèt récounéïtré.
Mitàü d'obor lo séntiguèt,
É *Mitàü* rosounant én méîtré
Lo fourço tant qu'àu n'én pouguèt.
Rustàü, qué n'o jomàï préï soun cû pèr sas chàussas,
Dissèt : lo lèbr-o déicampa.
L'éivènomén prouvèt qu'àu s'éyro pas troumpa.
Lo pàubré lèbré séy ressourço
Dis soun gitré troubèt lo fi
É dé so vit-é dé so courço.
Lo perdrix qué végio l'éyba,
Au lèt dé counsolas so pàubro comorado
L'y dit, én sé moukant : Ab ? qu'ovias-tu doun fa
Dé to chambo sibé filado ?

So phràso n'éyro pas chobado,
Rustaü sént lo perdrix. Lo prénd lo voulado ;
Mâs quan lo sé créjio sàuvado,
Lo né vio pas counta lo griffo dàu miàulard.
A soun tour lo fuguèt gobado
É né pourtèt pas louén soun discour gogonard.

Au lèt dé couyounas loû àütréîs,
Noû méimo préignan gard-à nàûtréîs.
Sur-tout sé fàu jomàï moukas dàû molhuroux :
Car quî po sé flotas d'esséy toujour huroux ?
Lâs ploças, lâs hàunours, l'éymé, loû béîs, lo tàülo,
Lo fourtuno sé rît dé cé qué l'o boilla,
É chacun po troubas so miàülo
Qué l'àurio bé tôt déybilla.

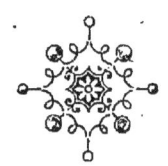

Lou Pâtré é lou Lioun.

Las foblas né sount pas cé qué dàu moundé crézént.
Séy fas sémblant dé ré, làs bêtias noû instruzént.
No léyçou touto nuo po càusas dé l'éynéï ;
Sous lo pëü d'un rénar, lo faï toujour plozéï.
Quïs qué fant quëü méytiéz, dévént instruir-é plaïré
É, dé-ségur, ìs n'ant pas pàü à faïré.
Aussi forço sobéns, éigoyant lour esprit,
Sur quello motiêro ant éycrit.
Toû fujént l'ornomént é lou tro d'éyténdudo.
Châz ìs né véyrias pas no poràülo perdudo.
Phédr-éy talomén court qué dàû ûs l'ant blâma ;
Éyzop-én mïn dé mouts, s'éy d'énguêr-exprima ;
Mâs sur tout certén Grec ranchérissén, sé piquo
D'un-éyléganço laconiquo.
Au ranfermo toujour soun count-én quatré vers.
Éy-co bién? éy-co màü? laïssan dîr-àü expers.
Véjan d'obor Éyzop-é déybran bién l'àuréillas.
L'un méin-un chossodour, l'àütr-un gardeur d'àuvéillas
Loû vàu ségré toû dous quant-à l'éivénomént ;
Cousoràï éntré-mias càüqué trait soulomént.
Véyqui coum-à pûs préz Éyzopo faï soun counté :
Un pâtr-à soû moutous, troubant càüqué méycounté,
S'éntêt-absolumént dé ropas lou léyrou.
Au soubçounâvo fort un loup.
Car quell-éngénç-éy coutumiêro,
Pèr-tou, d'uno farço poriêro.
Au s'én vàï bravomént tou préz d'uno tâniêro,
É l'y dress-un boun troconar.
Si vézé prénéï quéü péndar,
É qué lou Diü dàu céü exàucé mo domando,
Proumetté dé l'y fas l'offrando

D'un védéü, mâs lou pûs fricàü
Dàü quïnzé qué sount à l'oustàü.
Coum-àu dijio quîs mouts, un lioun d'hàüto criniéro
Sort tou-d'un-co dé so toniêro.
Lou pâtré s'agrumis, é dit, à démiéy-mort,
Moun diü! moun diü! l'homm-o bién tort.
Sait-éü cé qu'àu sé vàut, én fozén no préjêro?
Iàü vou vio prouméï un védéü
Si ïàü véji-ovant qué ïàü parté,
Lou destructeur dé moun troupéü :
Mâs vou proumett-un biàü si vou fas qu'àu s'éicarté.

Qu'éy éntàü qu'o counta lou préncipàü àutour.
Auro véjan l'imitotour.

Lou Lioun é lou Chossodour.

Un chossodoúr tan-si-pàü fanforoun
Crézén soun méillour ché dévoura pèr un lioun,
S'én onèt ténéï quéü l'ingagé
A-d-un bargéz dàu vésinagé :
Môtro-mé, dit-éü, lo méïjou
Dé l'ossossïn dé moun Moutou ;
Car, tout hàuro, fàut qué n'ayé rosou.
Qu'éy làï, dit lou bargéz, préz dé quello mountagno,
 L'y pay-exactomént doujé moutous pèr an,
É podé, séy dangéz, roudas dis lo campagno
 Séy risquas ni-frétu-ni-bran ;
 É jug-éntàü à qui pèrd gâigno.
 Coum-àu chobavo quéü discour,
 Lou lioun s'ovanç-àu pas dé charjo.
 Nôtré farot lou véü ; s'én cour ;
 É lo vio n'éyro pas prou larjo
 Pèr làïssas possas so volour.
Hélas ! moun diü ! dit-éü dîs soun couragé,
 Coumo pourràï ïàü m'esquivas ?
 Déybréz-mé doun càüqué possagé
 Pèr énté pèché mé sàuvas.

Véyqui plo moû poultrouns qué vant tou tuas, tou battré
Tant qu'ïs ant loü péz chàuds subré lours dous landiéz ,
 É qué fujiriant loü prémiéz
 Si co s'ogissio dé coumbattré.
 Pèr poudéï dîr-ab-àubé-nou
 Sur quéü qué vanto soun couragé,
 Lou jugéz pas sur soun verbiagé,
Màs domandas s'iàu o àuvi pétas lou lou.

Loû Médécis.

Lou médéci *Tant-piéï* qu'îs crégiant no miràudio [1]
Fuguèt manda pèr no molàudio
Qu'àu dévio trotas dé councèr
Avéqué soun coufràï *Tant-mièr*.
Qu'éü-qui l'y digi-un jour, nôtré molàud-éy mièr,
Soun poulx éy pûs mouflé [2] qué hièr.
Sàï pûs countént dé soun àurino [3];
So péü, so lé [4]; soû éîs, so mino
Sé sount doubas [5] dé màï d'un tièr;
Grach-à-diü, lou trob-asséz fièr.
Mouyénant n'àütro médécino,
Dàu piti-la dé tén-én-tén,
Mandi é sèr un lavomén,
Sur-tout forço méinajomén
Crézé qu'àu pouro nas à lo messo diàumén [6].
Màs *Tant-piéï* n'éyro pas dàu méimo séntimént.
Qu'àu fazé, dissè-t-éü, pûs-tôt soun testomént.
N'io médécino ni cristéri
Qué pèchant lou tiras d'aqui [7].
Sas chours [8] pudént [9] àu séméntêri [10] :
Au po dîr-*oraté-fréti* [11] ;
Au siro mort diàumén moti.
Tant-mièr l'y boill-un déiménti.
Màs lou dotour *Tant-piéï*, tètu coum-un luti,
Soulénguèt toujour soun parti.

(1) Merveille.
(2) Plus doux.
(3) Urine.
(4) Respiration.
(5) Améliorés.
(6) Dimanche.
(7) De là.
(8) Sueurs.
(9) Sentent.
(10) Cimetière.
(11) Expression proverbiale, qui correspond à celle-ci : IL N'Y A RIEN A FAIRE.

É péndént qu'îs sé chomoillovant
Qu'à tor-à-trovèr îs citovant
Hypocrato, Gaillén ; sur-tout forço léti,
Lou téms sé pèrd, lou màü émpiro
Lou pàübré molàüdé déliro.
Én dizént coum-àu po soun *orate fratres* ;
Au partiguèt pèr *ad patres.*
Quélo-vé, diréz-vous, lo disput-éy chobado [12]
Dàumïn éntré loû médécis.
Coumént?... Vou moukas-vou dé îs?
Eh ! l'o n'éy mâs bién couméncado.
Tant-picï dissèt : vàu vio ïàü dit?
L'ofas éy b-arriba coumo ïàü vio prédit.
Mâs *Tant-miér*, d'un toun d'ossuranço
Tout-dé-suito l'y répliquèt :
S'iàu vio ségu moun ordounanço
Au sirio d'énguêro sur pèd
É l'ovio b-arverti d'ovanço.
Lou molàüdé n'éy mâs parti
Pèr véy fa cé qué v'ovéz dit.
Iàü souténdràï toujour dovant touto lo Franço.

Loû médécis né sount jomàï d'occor,
É quéü qué n'én vàut dous pèr fas soun passopor,
Éy pùs màu trota qu'àu né pénso,
O-t-éü màï dé counfianç-én-d'un?
Tant-ké-tant l'àutré s'én offénso,
Au n'o pùs dé sécour d'àucun ;
Pèr-tant séy ré mïnjas àu payo lo déypénso.
Quîs percuràïréis [13] dé lo mort
Sé fant toù bién poyas pèr prénéy so défénso

---

(12) Finie.   (13) Procureurs.

È sé baillént jomaï lou tort,
Qu'éy toujour pèr càuqu'ïmprudénço,
Souvént pèr faüto dé gouvèr [14],
Un rémêdi préy dé trovèr
Qué lou paübré molaudé mèr.
Loû médécis, loû bouticâris [15]
Sount é sirant toujour doû maüs trop nécessâris.
Quant à mé loû déinigré [16] pouén,
M'estimé fort hurous quîs mé prétant lour souén.
Mâs pûs hurous cént vés quîs qué n'ant pas bésouén!

(14) De soin.
(15) Apothicaires.
(16) Noirci, décrie.

L'Ours é loû dous Coumpognous.

'IOVIO no-vé doùs estofiéz
Qu'oyan gran bésouén dé mounédo,
Lo têt-én l'èr, l'éychino rédo,
S'én vant châz lour vézi, gros marchand pélétiéz,
Pèr l'y véndr-én tout-ossuranço
Lo péü daû pûs bel ours qué l'ioguèt sous lou céü.
Quéü réï daû ours vio bé no péü!...
N'iovio pas dé poriêr-én Franço.
Jomàï s'éy vu ré dé si béü
Qué lou piaü dé quello foururo :
Bouno pèr daû dessurs, bouno pèr no doubluro ;
Én quello péü lou marchand poudio fas
Bién éyzadomént so fourtuno
É l'iovio pûs-tôt douâz péüs qu'uno.
Qu'éy vràï qué l'ours n'éyro pas mort ;
Mâs nôtréïs estofiéz lou déviant tuas d'obor.
(Daùmïn qu'éyr-éntaû qu'ìs préténdiant)
É ségurs dé sé pas troumpas,
Dîs tréîs jours is déviant livras
Au marchand, lo péü qu'îs l'y véndiant.
Is counvénént daù prix ; é quan tout éy d'occor
É sur lo péü é sur lo mort
Dé l'onimàü (qué court d'énguêro)
Is partént pèr l'y fas lo guêro.
Is trobént for-bién l'énnémi
Qué, pèr lour éypargnias lo méyta dàu chomi,
Au gran trot véign-à lour ovanço.
Is qué n'omovant pas véyré quello codanço
É viant pàu dé caùq-éntrécha,
Né bolancèrént pas dé roumpré lou marcha.

L'OURS É LOU DOUS COUMPOGNOUS.

  Dé taüs soudars éyran trop sagéis
Pèr exigeas dé l'ours intérêts ni doumagéis.
  Éytopaü quant-is vézén co,
É is dé s'én fugis, crédant : saüvo qui po !
  L'un sur un gran rouvéï archéllo
  É s'y cocoun-én séntinéllo.
  L'aütr-àu miéy dàu chomi s'éyténd,
  É couéija tou dé boucho-dént,
  Fàï lou mort é rétèt soun vént.
  Au vi-àuvi dìr-aparomént
  Qué l'ours o n'oversiü très forto
  Pèr lo viando qu'àu trobo morto.
  Én effet, quan l'ours éy véngu,
  Qu'àu véü quéü codâbr-éyténdu,
Au s'én màïfio d'obor, apréz co-qui lou sino,
  Apréz lou viro sur l'éychino,
  Apréz lou sént dessous lou nâz.
  Vézént qu'àu né respiro pas,
  Au n'én oguèt no rébufado :
Pouah ! dissè-t-éü, quello viand-éy gâtado !
  Quéü mort éy qui déypéï loun-téns ;
  Qu'éy no chorougn-anén-nous-éns.
  É véyqui moun ours én campagno
  Qué sé saüvo sur no mountagno.
  Màs quan l'ours fuguèt bién parti,
Lou coumpognou dèissént, é dit : Moun comorado,
Counvèt qué noü n'ant gu chacun no bello chuado !...
É lo péü dé nôtr-ours ?... Màs qué t'o-t-éü tan di,
  Quan so griffo té déyviravo
  É qu'à l'àuréill-àu té porlavo ?
  — Au m'o dit qué noü viant bién tort
Dé nas véndré so péü avant qu'àu fusso mort ;

É m'o fa proumettré d'ovanço
Dé né pùs m'exposas à no poriéro tranço.
— L'ias-tu prouméï? — Aplo. Ni-màï tant qué viàüràï
Pèr lou ségur mé souvéndràï
D'ovéy gu soun nâz sur mo panço.

Quéü counté mé fàï souvéniz
Dé quello fèiro dé Pilnitz
Énté loù réïs véndiant d'ovanço
É déviant sé partiz lo Franço.
Tant dé chéïs apréz lou mćim-os
Créjant b'esséï ségurs d'ovéï chacun lour tros :
Mâs s'îs viant gu légi nôtré boun Lo Fountaîno
Aurian-t-îs jomàï fa no poriéro frédaîno ?

Jupitèr é lou Méytodiéz

JUPITÈR, un béü jour, guèt no ferm-à dounas.
Mercuro dovolèt ; lo fàï tambourinas
　　Pèr Pandouillas [1].
Forço moundé sé présentêrént ;
L'ïn guèt fort pàü qué l'y méttêrént,
D'énguéras m'ïn qu'énchoriguêrént ;
Quîs qué viant méï sé déydiguêrént ;
Presqué toû, lou bé déynigrêrént.
L'un dit qué qu'éy trop màü bloda ;
　L'àütré qué lou poyis éy assé [2].
Quéü-qui dit qu'àu n'o pas prou bla
Déycho qué lou nouvéü sé massé.
　L'éncan nâvo coussi-coussi,
Dégu sé suchio trop d'un si méychant boussi ;
　L'un dijio *car*... É l'àütré *si*...
　Péndént qu'îs barjignént ainsi,
　S'én trôbo un dé pûs hardi,
　É qué sé créjio lou pûs fi.
Dé toû loû jàüs dé soun vilagé,
(Mâs qué, pèr-tan, n'éyro pas lou pûs sagé)
Au n'én proumèt boun prix, én cé qué Jupitèr
　　L'y làïssoro méytrisas l'èr,
　Pèr qu'àu guéz toujour à so guîso
Dàu chàü, dàu fré, dàu béü-téms, dé lo bîso ;
　En-un-mout, dàu sé, dàu mouilla
　D'obord qu'àu àurio bodoilla.
Jupitèr l'y counsént, é lou countrat sé passo ;
　　É tan-qué-tan nôtré brodasso

(1) Nom du tambour de ville. 　(2) A sec.

Fàï véyr-à soû vézîs qu'àu éy méytré dàu céü.
Au fàï plàuré, véntas ; àu fàï si bé, si béü
Un climat tou pèr sé, qué lo prado vézino
S'én séntiguèt pas màï qué quellas dé lo Chino.
Co fuguèt lou bounhur dàu péyzans d'aléntour.
    Is véjiant froujas chaqué jour
Lour bla, lour vi, lour fé, é tout-àutro dénado
    É guêrént no rich-annado.
    Mâs quéü qué vio tout arrénja
    Fuguèt lou pûs màü partoja ;
Au né guèt ré dàutout. Éytopàü l'àütr-annado,
L'explototiü dàu céü fuguèt touto changniado.
    Mâs soun champ s'én troubèt pas mièr.
Quoiqué sécha, rousa, vénta d'un-àütro sorto.
Au n'én po pas culiz lou quart dàu démiéy-tièr
    Qué lo terro vézino porto.
Qué fàï-t-éü quetto vé ? Au torn-à Jupitèr,
    Au counvèt dé soun ïmprudénço
    E né vàut pûs lâs cliàüs dé l'èr.
    Jupitèr véü so répénténço
    É lou trat-én méytré fort doux.

    L'homé qué créü sé randr-huroü
    Pèr soun sobéï, pèr so prudénço,
    Fàï ïnjur-à lo Providénço.
Lo sait cé qué nou fàut, é l'àu sait mièr qué noû.
    Rétéignant bién quello sénténço,
    L'éy lou trésor dàu molhuroü.

Lou Rat qué s'éy rétira dàu Moundé.

Un certén rat,
Pèr escrupulo,
S'éyro borat
Dìs no cellulo.
Quél-énroja
Qu'o tant rôja
Dìn so jàunesso,
Sént dàu rémords,
Counéï soù torts
Dìs lo viéillesso ;
Bién répénten,
Rôjo-boun-tén
Vàut fas lo vito
Dé péniten :
É l'hypocrito
Sé rand harmito
Sur soun viéï tén.
Quéü nouvéü sagé,
Quéü pitit saint,
A bello dént
Fàï n'harmitagé
D'un gros froumagé ;
(Dé quàü poyïs,
Mé dirant-ïs ?
Bello domando !
Qu'éyro d'Hollando.)
Au l'oroundis,
L'oproufoundis.
Dìs so rotoundo,
Larj-é proufoundo,

Sall-à m'ïnjas,
Chambro vézino
Dé lo cousino
Pèr sé couéijas.
Lo solitudo
Éyr-un pàü rudo
Én couménçant ;
Mâs lo rotraito
Fuguèt parfaito
Én avançant.
Au grovéchavo
Pèr soun dînas,
Éychorougnavo
Pèr soun soupas.
Lo panço pléno,
Lo péü plo léno,
Nôtré réclu,
Coum-un chonouéïné,
É piéï qu'un mouéïné
Éyro dôdu.
Un jour vénguérént
Dàù députa
Dàu peuplé ra
Qué domandérént
Lo chorita,
É l'iexposérént
Lour pàubréta.
Quìs pàubréïs diàbléïs
Éyrant minabléïs
A fas piéta.

Quell-émbossado	Dounas l'ossàü.
Vàut lo possado	Lo républiquo
Pèr ûs dous jours.	Véngud-èitiquo,
Dìs l'intervalo	Dìs quéü dangéz
L'àuro sécours.	Vàut qué so raço
Lour copitalo	Sé lév-én masso
Rotopolis	Châz l'éitrangéz.
Éyr-assiéjado.	Dìs quéü désordré
Minagrobis,	Is portént l'ordré
Quéü rédoutablé	Màs séy argén ;
Réï dàù margàüs	É dìs lour courso
Éyço copablé	Ant pèr ressourço
Dé fas, dìs pàü	Lo brâvo-gén.

  Moû pàübréîs fràïs, réypound lou solitâri,
    Sàï plo fâcha dé tou vôtr-émboras :
    Màs loû béîs tamporels né mé régardént pas,
      Mé màïlé pûs dé quîs ofas.
  Diü vou fazé dàu bé ! voû vàut dir-un rosâri,
    Véyqui tou cé qué podé fas ;
    É lour bâro so port-àu nâz.

Richard avâré !	Lo réligiü.
Quéü rat barbâré	So péniténço
Éy trait-pèr-trait	Souvént offenso
Vôtré pourtrait.	L'humonita.
Quî fàï porado	Touto préjéro
Dé dévoutiü,	Éy méïsùnjéro,
Quéü-qui déigrado	Séy chorita.

Éypilogué.

Éyqui coumo, dìs moun vilagé,
Iàï tocha dé troduir-én vèrs
Lâs léyçoû qué, dìs l'univèrs,
Noû baillént mill-êtréîs divèrs ;
Car tout chanto dîs lo noturo,
N'io mâs d'éïcoùtas lou violoun
Séy fard, séy jàïno, séy poruro,
Qu'éy lo moralo lo pûs puro
Qu'îs répettén à l'unissoun.
Né fàut mâs déybris nôtr-àuréillas
Pèr énténdré tant dé mervéillas.

Si càuq-énvéza d'Apolloun,
Én voulén fas soun Cicéroun,
Navo dîré qu'én moun l'ngagé
Groucher, polot, démiéy-sàuvagé
Loû fàï chantas tou dé trovèrs,
É qué viré tout à l'énvèrs
Pèr né mâs fas dàu bovardagé,
Qu'éy so fàuto : qu'àu fazé mièr ;
Car pèr mé qué né sàï pas fièr,
Dé tou moun cœur diràï tant-mièr.
Iàuràï bé quérèqué lo glôrio
D'ovéy couménça lou prémiéz ;
É, tout-én cédant lou lauriéz,
Iàuràï mo part dé lo victôrio.
Mâs lou mignard dé lâs nàu sors,
Quéü qué sé sént loû réins prou forts,
Quéü qu'o tant d'éymé, tant dé siançeo,
Né déü pas, coumo dé rosou,
Nas bufas, én quétto sosou,

Dìs lo charméllo d'un jantou.
Qu'àu chanté doun l'Ampérour dé lo Franço ;
Qu'àu dizé qué, soû lou souléï
N'io jomàï gu dé méillour réï ;
Qu'àu dizé qué l'Euròp-én tréys cos dé boguetto[1]
Béguèt tréys vés dïn so coupétto.
Qu'àu dizé qué jomàï, soû lo chapo dàu céü
S'éy vu dé guériéz coumo quéü.
Qu'àu diz-én courounant lo fèto,
Tou cé qu'ant loû Francéïs dìs lou cœur, dìs lo tèto.
Qu'àu dizé tou cé qu'àu voudro :
Qu'àu chanté tan-hàut qu'àu pouro,
Jomàï lo foun né toriro,
Jomàï pén lou déyméntiro ;
Tou l'univèrs aplàudiro,
É soun trobàï jomàï né périro.

Fi dé lás Toblas.

---

(1) Les trois derniers traités de paix.

FRAGMENT INÉDIT

D'UNE ODE SUR NAPOLÉON,

FAITE EN 1812.

Coumo quéü b..gré noû démêno !
Au noû rosso à bras rocourci !
Véyqui tréys ans qu'àu noû charmêno
Maï noû faï diré gran-merci !
A forço dé l'y véy fa fêto,
Dé véy vanta so bouno têto,
Crézé qu'îs l'àu vant fas véniz faü.
Tout én fozén soû tours dé forço,
Chàu véign-à prénéï càüq-éntorço
Au noû forio viras lou càu.

Déypéï qué lou b..gré coumando
Dîs lou déhors, dîs lou dédïn,
Dé l'Égypto déych-à l'Hollando
Countas can nio d'homéïs dé mïn,
Pèr-tout lo mor é lou carnagé
Ant signola soun boun couragé ;
Lou diâblé chio pas soun méytiéz !
Dirias qué l'énfèr én coulêro
L'ayé mâs jita sur terro
Pèr déypeuplas lou moundé antiéz !

Tant dé coumbats ! tant dé botoillas !
Tant dé béüs poyis rovojas !
É tant dé villas séy muroillas
L'ant mâs randu pûs énroja.

Au faï toujour lou diâbl-à quatré,
Au né parlo mâs dé sé battré;
É iaü créyrio bién, pèr mo fé,
Qu'én soun himour forouch-é soumbro
Au sé battrio countré soun oumbro
Si n'iovio mâs ello é sé.

A quatré cént légas dé Franço,
Tréïnas tréy cént milo garçoû!
Qu'éy b'éyza dovinas d'avanço
Lou sort qu'àu lour prépar-à toû.
Lo fan, lo névio, lo jolado,
Lo fotiguo, lo fusillado,
Loû vant bouéifâs coumo lou vén.
Iàï pàu, lou diâblé mé coufoundé,
Qué co chio coum-én l'àütré moundé,
Qué jomàï n'én éy tourna pén.

A Mécèno.

Mécèno dount lo raço brillo
Déypéï tant dé générotiüs
É qué countas d'ïn to fomillo
Forço grans rèïs tant morts qué viüs!
Té qué fas touto mo ressourço
Pèr l'éymé ni-màï pèr lo Bourço,
Réçéïs moun prémiéz coumpliment.
Càücu dîrant bé qué mo muso
N'éy mâs béléü no viéillo buso :
Mâs, pèr-tant, jomàï lo né mént.

L'io dàü ûs qué mettént lour glôrio
A bién counduîr-un chorétou ;
É s'ïs n'émportént lo vitôrio,
Is crézént qué qu'éy lou Péyrou.
Pèr-mour qu'ïs fant forço pouchiéro,
Is méyprésént lo terr-antiéro ;
Crébént dé jôyo d'ïn lour péü.
Quan lou boutou chàü dé lours rodas
Éyrîfio lâs bouéynas plantodas,
Is s'éylévént déychant-àu céü.

N'én counéïssé dîs moun vilagé
Qué né voudriant pèr tant-é-màï,
Abandounas lou bourdéragé
Qu'ïs tenént dé lour pàübré pàï,
Quél hàunour éy lour mouch-éypijo ;
So tréncho, n'aplèi, no chambijo,
Loû charmént l'éitiü màï l'hivèr ;
É pèr toù loû trésors dé Franço
Lour forias pas possas lo tranço
Dé sé nas risquas sur lo mèr.

Dàutréîs sé mouquént dé lo glôrio
Tou coumo dé l'az dé caréü.
Pèr îs, lo pûs grando victorio
Né vàudrio pa-n-co dé chopéü.
É quîs-do-quîs, dîs lour monio,
Mé poréïssént véy no folio
Pûs solido qué loû prémiéz ;
Tou lou bla qué produit lo Franço
Is lou voudriant ténéï d'ovanço
Dîs lour granj-é dîs lour groniéz.

Lou marchan qué, dîs no témpêto,
O cuja perdré corps é béï,
Juro sur soun diü, sur so têto
Dé viàüré châz sé délézéï ;
Vanto lou plancha dé lâs vochas ;
Couménço pèr vouéydas sas pochas ;
Màs lou dangéz éy-t-éü possa ?
Ah ! lo pàubréta l'ïmpourtuno ;
Au torno, sé màï so fourtuno,
Sur soun véisséü tou pétossa.

Dàutréîs craignént lo pépido,
(Màï, pèr-mo-fé, n'io ré de piéï)
Vant fas lour pitito partido
Dé sirotas dé boun vi viéï.
Toû loû jours sur càüqué féillagé,
Sur lou bord dé càüqué rivagé
Is prénént lour récréotiü.
E dàu pûs modur dé lo tino
Succént lour pitito chopino
Toû loû séïs, pèr lour coulétiü.

L'ién o dàutréis qu'aïmént lo guerro
Déych-à n'én perdré lo rosou :
Is n'ant dàütré plozéï sur lo terro
Qué d'àuvis pétas lou conou.
Véyré lûzis lâs boyounettas,
Énténdré brùndis lâs troumpettas
Co lour éynuyorio jomàï.
Moun diü! quàü plozéï vou lour boillas,
Én parlant dé quellas botoillas
Qu'éyfrédént tant lâs pàubras màï.

Lou chossodour léva dobouro
Court à lo pisto dàu lébràü;
So pàübro fenno qné domouro
Mèrt dé pàu qu'àu préigné dàu màü;
Pèr sé, quan lo bîch-éy lauçado,
N'io pûs dé nèvio ni jolado
Copoblas dé lou réténéï.
Quant àu déürio tropas lo féüré,
Au tribo, séy mïnjas, séy béüré,
Déypéï lou mandi déych-àu séï.

Pèr mé n'àïmé mâs-kan lâs liéras
Qué courounént loü frounts sobénts.
Chanté loü bosquets, lâs bargêras;
Moü vèrs fant moü omuzoménts.
Quan célébré càüquó counquêto,
Apolloun ufflo mo chobrêto,
Sas scrs buffén dîs moun charméü.
Mécèno! si moun chant t'ogrado
Sàï lou pûs fi chantré qué l'yao
Soü touto lo chapo dàu céü.

Imitation de la deuxième Ode d'Horace.

Io plo prou gu dé néü sur terro,
Prou dé grélo, dé mauvâ-téms ;
É lou boun-diü, dïn so coulêro,
O plo prou fa dé péniténs.
Loû éylauzis dîs l'air brandovant ;
L'éygléyjas, loû châtéüs toumbovant
Soû d'horribléîs cos dé tounèr
É guessas dit qué lo témpêto
Nâvo déyvîras cû-sur-têto
Toû loû trônéîs dé l'univèr.

Loû morts éypéîs coumo lo téigno
Qu'éyran sur lo terr-à moudélous,
L'y ploviant coumo lo chatéigno
Quan l'àïg-ò déybert loû pélous.
É toû loû pâtréîs dé lo terro
Éycoudus dàu fléü dé lo guerro
Craignant dé perdré lour troupéü ;
Crézé, lou diâblé mé counfoundé,
Qué loû quatré parteûx dàu moundé
Viant pàu d'un délujé nouvéü.

N'àurias pas sàubu qué n'én créyré ?
Loû gropàüs voulovant dïn l'air,
Chacun éyr-éyboï dé véyré
Loû lébràüs nudas dîs lo mèr.
Toû loû éytas sé déyvirovant,
Loû quitéîs péissous sé cârovant

IMITATION DE LA DEUXIÈME ODE D'HORACE.

Subré lo cîmo d'un rouvéï,
Is n'én chossovant lo couloumbo
Qué bién souvént déjous lo toumbo
Nâvo sébélis soun éynéï.

Din Poris, l'àïguas dé lo Séino,
Péndént lour grand déybourdomén,
Sur lo mountaign-é dîs lo plèino
Oviant plo traîna dàu turmén.
Léy-doun noû trémblovant dîs l'âmo
Pèr lâs douas tour do Nôtro-Dâmo,
Noû créguèrén dîs quéû déyréy
Qué l'omour, lo fé, l'espéranço,
Lâs tréys coulounas dé lo Franço,
Novant toumbas coumo lou réy.

Éyro-co pèr tiras véngénço
Dé viéîx péchas countré lou céû
Au pèr nou fas fas péniténço
Dé càuqué grand crimé nouvéû ?
Iàu diràï coumo loû pùs sagéîx
Qué lo punichio loû méinagéîx
Pèr lâs sottizas dé lour pàï :
Mâs créyrio qué l'aïgo mutino
Possèt lo permissiû divino,
Quand lo foguèt tant dé trobàï.

Jàunesso qué nôtro coulèro
Éycliarzichi-à cos dé conous,
V'apprèndréz quall-éyro lo guèro
Qué noû vian luchad-éntré noû.
Pourréz-vous ténéy vôtras larmas
Quant is voû moutrorant nôtr-armas

Chàuillodas dîs lou sang françéy,
Au lèt qu'àu soun dé lo troumpetto,
Noû déviant én lo boyounetto,
Courr-én masso countré l'angléy.

Qual-angé véndro sur lo terro
Sàuvas lou pêtr-é lou soudar?
Qual-éy quéü qué pourro dénguéro
Soutenéy lou tron-é l'autar?
Quàü bras, quallo forço divino
Pourro rémountas lo mochino
É l'y rédounas soun bolan?
A quàü boun sain nôtras bargêras
Adressorant-lâs lours préjêras,
Pèr tournas véyré lour golan?

Lou véyqui; véz-lou qué s'avanço
Soun éytélo brillo dîs l'èr
Lou boun-Diü, pèr sauvas lo Franço,
L'y vèt dé préytas soun tounèr.
Soun air n'éy pèr-tant pas torriblé;
Au brill-à trovér dé lo niblé
Qué l'y sert coumo dé mantéü.
Qu'éy sé qué vàï chobas lo guêro
Én pourtant lo cliarda sur terro
Dé lo part dàu méytré dàu céü.

Mé troumpé, quoiqué soun visagé
Brillé coumo quéü d'Apolloun,
Vizas lou bién, soun éntouragé
Sémblori-onounças Cupidoun.
Vizas coumo loû riz, lo danso
Sount révîcoulas dîs lo Franço!

IMITATION DE LA DEUXIÈME ODE D'HORACE.

Coumo lou peuplé torno gaï
Sous l'hobit dàu diü dé lo guêro
Lou préndrias pèr quéü dé Cythéro,
Au miéy dé lo cour dé so màï.

Mâs béléü mé troumpé dénguéro,
Né sirio co pas pèr hozar
Lou Diü sé méymo dé lo guêro,
Qu'àimo tant lou bru dàu soudar?
Vézé qué loû bouléîs, lâs bollas,
Lou fèt, loû tambours, lâs timbolas,
L'y servént coumo d'éybotouéîs :
Si qu'éy sé n'én sày plo bién aïzéîs,
Mâs n'o-t-éü pas biéntôt soun aïzéîs
Dé jàïré lo nèt dîs loû bouéîs?

Réjàuvis té, peuplé dé Franço,
Quéü qué tu vézéy sùs dîs l'èr,
Qu'éy lou messogéz dé counfianço
Dàu véritablé Jupitèr.
Qu'éy sé qué vàï tiras véngénço
Dé lo morg-é dé l'insoulénço
Dàu fièr povillou d'Albioun.
Mâs co n'éy ni Mars ni Mercuro ;
Qu'éy lou phénix dé lo noturo
Qu'éy l'immortel Napoléoun.

Qu'à plénas mas lou céü épandé
Sas bénéditiüs subré té !
Pèichas-tu, coumo l'iàu domandé,
Tant viàüré coumo *Chotouné*.
Angé tutélàri dé Franço,
Tu nou boillas déijà lo tranço

Dé t'én véyré trop tôt tournas.
Domouro, domouro sur terro.
Lou céü n'éy pas pèr té dénguéro,
To plaço l'y sé perdro pas.

Jàuvîs lountéms dé to vitôrio,
Cullîs lou fruit dé toun trobàï ;
Sobouro lantomén lo glôrio
Dé t'àuvîs pélas nôtré pàï.
Tâs méy loû réy dîs lo bolanço
É l'Europ-o vu qué to lanço
Fogio toujour lou countré-péy.
Né suffras pûs qué l'Angléterro
Tobé sur mèr coumo sur terro
Noû véigné boillas de l'éynéy.

Noël nouvéü (1).

CHANTANS VITÔRIO!
Quéü Diü dé GLÔRIO
Tant vougu
A-lâs-fis éï véngu,
Quello bolado
Éyr-anounçado
Cliaromén
Dîs l'ancién Testomén.
David vio chanta,
Daniël vio coumpta
L'houro, lou momén
Dé l'éyvénomén.
Isoïo,
Jérémio,
Lâs boun-armas !
Tout-én larmas
Viant vu d'ovanço
Lo déliàuranço
Dé lo noturo.
L'anfèr murmuro ;
Au perd dîs Bethléén
Touto so GLÔRIO
Mâs l'homé plo counténi
CHANTO VITÔRIO.

Dîn quél établé
Pàübr-é minablé
Quéü gran Diü
Couménço so possiü.

Sur so léïtiéro
Lo terr-antiéro
Récounéï
Lou méytré dàu souléï.
Loü pàübréïs péyzans
Vénént loü dovans
Vizas quîs trèîs Réîs
Ségré loû doréîs,
Toü l'adorént,
Toü l'honorént.
Mâs l'offrando
Qu'àu domando
Qu'éy n'âmo puro,
No fé séguro ;
Lo péniténço
Au l'innocénço.
L'Anfan-Jésus Sauveur
Proumèt so GLÔRIO
Mâs séy lou doun dàu cœur
Pouén dé VITÔRIO.

Vizas lou rîré !
Au sémblo dîré :
Vénéz tous
Vou volé randr-hurous.
Lou téms sé pràïmo
E quéü qué m'àïmo
Éy ségur
Qué foràï soun bounhur ;

---

(1) Ce Noël a été chanté en 1808 dans l'église cathédrale de Limoges.

Moun corps grandiro,
Au vou nûriro ;
Moun sang vàï coulas
Pèr vou toû lovas.
    Moun supplicé,
    Moun colicé
Sount n'offrando
Qu'éy plo grando ;
Mâs quéü solâri
Éy nécessâri.
L'homé coupablé
Éyr-incopablé
Dé poyas cé qué fau
Pèr véy mo GLÔRIO.
Mâs mo CROU, moun BARÇAU,
Fant so VITÔRIO.

Dédïn so craycho
Jésu noû praycho
    Séy parlas ;
Né fàut mâs lou vizas.
    Vénéz doun richéîs
    Tant fièrs, tant chichéîs !
    Qu'éy pèr nou
Qu'àu vàu manquas dé tou.
    Vénéz léchodiéz !
    Lâdréîs éyzuriéz !
    Orgouilloux sobéns !
    Dévots médiséns !
    É tant d'aûtréîs
    Coumo vàûtréîs !
    Qué l'offénsent
    Quan l'éncénsént.

Fénnas douilletas !
Fillas coquettas !
Vôtras préjêras
Sount méysùnjêras.
Tant qué voû cherchoréz
Lo vaino GLÔRIO
Jomàï voû né pouréz
    CHANTAS VITÔRIO.

Pèr l'y coumplàïré
Qué déü doun fàïré
    Tout crézén
Qué vèt dé Bethléén ?
Fàu véï dîs l'âmo
Lo chasto flâmo
    Qu'émbrozèt
Lou cœur dé saint Jozét.
    Viras tout én bé ;
    Veillas subré sé ;
    Sur-tout bién gardas
So lïng-é sas mas ;
    Né pas véïré,
    Né pas créïré
    Lo moliço
    L'înjustiço ;
Jugeas loû aûtréîs
Meillours qué nàûtréîs ;
Qué lour dénado
Noû chio socrado :
Qu'éy lou mouyén d'ovéï
Part à so GLÔRIO
É lou dré de poudéï
    CHANTAS VITÔRIO.

Chansou nouvèlo, facho pèr no Péyzanto dé lo Bréjèro, lou béü jour dàu Mardi-Gras.

(1808.)

Sur l'air : *Avec ma pipe de tabac.*

Enté sount toù quîs géntéîs drôléîs
Qu'hantan véillovant coumo noû,
Qué fogiant loù chàuvéz loù bôléîs
Én m'injan nôtréîs golétoû.
Hélas quîs qué van én Russio
Bufforan plo lours pàübréîs déîs,
É quîs qui sount dîs l'Itolio
Sé cramén lo péü au souléy.

Qu'éy plo brâvé qué lo jàunésso
Onan fas lour fàï dé lauriéz ;
Is véndran un jour à lo messo
Én lour pounpoun dé grénodiéz.
Mâs qué vant fas lâs pàubras fillas ?
Éntré-tan fàut perdré soun téns,
S'îs né baillént mas lâs nauzillas
Quan lou moundé n'an pûs dé déns.

Panchéy mé vouill-én moridagé
L'Ampérour roumpèt lou marcha ;
Moun armo ! sirio plo doumagé
Qu'àu lou mé tournéss-éndécha.
Car lou goillar o bouno pàüto
Mâs loù énnémis àu sàubran,
Chiàu lo pàuso sur càuco jàüto
Mo-fé lâs mouchas l'y béüran.

Moun-Diü! coum-àu déü esséy jénté
Dîs l'uniformé dé soudar !
Nèt-é-jour lou mé représénté
Én soun brâvé sabré d'àuzar.
Soun béü chovàü dàu réy dé Prusso,
Soun bel-hobit dé drap angléy
Garni d'uno pélisso russo
É doubla d'un cœur dé francéy.

Loü bourgéîs ant toü càüco târo
Quan fàut naz déféndré l'éyta,
Toü loü ans méimo rifanfâro
Loü richéîs n'ant pûs dé santa.
N'io pas d'hounto qué loü rétéygno,
Is sé fant dàü éîs dé cristàü
É chantén lâs gàugnias, lo téygno,
S'îs né toumbént pas dàu grand màü.

N'én véyrias dàü ûs qué sé vendén
Coumo lo viando dîs loü Bans,
Màï l'io dàü marchans qué préténdén
Quîs loü chatén trop char hujan.
Quéü dîré n'éy mas no sottiso
Car coumo po-t-un véï déygréü
Qué n'én côté màï lo chomiso
Quan s'ogîs dé sàuvas lo péü.

Anén garcoü! fàut dàü couragé
Qué loü péyzans né boudan pas?
Quéü qué voü créd-éy boun é sagé
Au voü tiroro bé d'offas.
Souténéz-voü bién éntré vàutréîs
Un jour co sé trouboro bé ;
Quî défén bién lou bé dàu àutréîs
Éy digné dé n'én véï pèr sé.

Quan voû véndréz cubèr dé glôrio
Voû dîréz : *Iäi-éyta counscrit,*
É dîs lou témplé dé mémôrio
Toû vôtréîs noums siran éycrit.
É quand l'Ampérour dé lo Franço
Au mound-àuro boilla lo pa,
Voû diréz d'un toun d'assuranço :
Séy nàutréîs n'iovio ré dé fa.

Mé parléz pas dé quîs oustiêras
Qu'abandounén lours éytandars,
Pèr s'ogrumir dîs lours chàumiêras
Coumo dîs dàû cros dé rénars.
Co n'éy gro l'argén qué m'ottiro
Mâs n'àïmé pas n'homé séy cœur,
Méîrio pûtôt vierg-é martiro
Qué d'éypousas pén désarteur.

Vivo lo jàunesso dé Franço
Pèr bién fas dé toû loû méytiéz,
A lo guerro coum-à lo danso
S'éy jomàï ré vu dé poriéz.
Fàut co couré? qu'éy dé lâs léîbréîs ;
Fàut co nudas? qu'éy dàû péïssoû.
Dîs no botaillo qu'éy dàû tigréîs,
Sount-îs vénqueurs qu'éy dàû moutoû.

Lo bello chàuso qué lo guerro !
Sur-tou quan-un én éy tourna.
Lo galo, loû péîs, lo misêro …
Dîs catré jours sount àublida.
Co n'éy mâs l'hàunour é lo glôrio,
Qué fan lou bounhur d'un Françéy
É mâs qu'àu gâigné lo vitôrio,
S'éymajo-t-éü dàutréîs plozéy.

Loû Prussiéns dîs lo Silésio
Sount à lour darniéz saü-marka,
É dîs l'éïraü dé Warsovio
Loû Russas sé sount éntéïgna.
Boillas dàu po, no boyounetto
Éntré lâs mas d'un boun péyzan,
Lou fré, lou chàü, ré né l'orrêto
Quand soun méytré passo dovan.

Loû Angléïs fant toujour lâs minas
Bounoparto n'én vàut finis,
Au lour taillo dé lâs molinas
Dàu pûs béü drap dé lour poïs.
Is vant véyré brâvo bésugno
S'îs né mettén pas lou pàuzé,
Car lou moudé si co countugno
Né sirio pas prou grand pèr sé.

Co n'éy gro pèr esséy pûs riché
Qu'àu cherch-à mossas tant dé bé,
Car, dé-ségur, àu n'éy pas chiché
Cé qu'àu gâign-àu ïaü baillo bé.
Mâs pèr lou bounhur dé lo terro
Au vàut, pèr faś no bouno pa,
Boras lou témplé dé lo guerro
É véy lo cliàü dàu codéna.

Vizas-mé quallo politiquo !
Quî guéz sungnia ré dé poriéz ?
Dé lo mèr Négr-à lo Baltiquo
Au plant-un plàï dé grénodiéz.
Pàubr-Aléxandro dé Russio !
Qué té mésuras coumo sé,
Quand l'Aléxandro dé l'Osio
L'y véndrio pas déych-àu coudé..

Né sàï mâs no pàübro barjêro
Mâs ïaü n'àï pas moun cœur dé fer,
Mandi-é-séï dîs mo préjêro
L'y dizé toujour *cin pater*.
Pèr qué lou boun-Diü lou préservé
Dé mort dé molàudio d'éynéï
É qué saint Marçàü noû counservé
Nôtr-Ampérour é moun Panchéï.

Vivo doun quéü grand Bounoparto !
Quéü-qui n'o pas pàu dé so péü,
Sitôt qu'un sé bat fàut qu'àu parto
Au n'irio déychant-àu bouréü.
Qu'éy lou pûs grand-homé dé guerro
Qu'un àïé jomàï courouna ;
Au siro bé pûs gran d'énguêro
Quan moun Panchéï siro tourna.

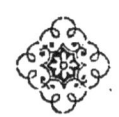

LO MÉIJOU É LO VITO D'UN GARÇOU,

Chansou touto névo d'hujan, pèr lou Carnovar dé milo huèt cén vounzé.

Sur cinq-àu-chieix airs.

N'io mâs quîs qu'ant dé lo moliço
Qu'oyant méytiéz dè sé cotas.
Pèr mé ïàï gu dé lo pouliço
Lo permissiü d'éyçi chantas...
Messieurs! si mo chansou v'agrado
Tant-mièr : mâs Pierré n'éy pas fàu.
Lo vou baillé touto mounlado
Pèr vôtro sàuno dé dous sàus...

Lou chœur répétto :

N'io mâs quîs qu'ant dé lo moliço, etc.

N'àï ni méynagé ni bogagé
Mous dous coudèys sount plo goilléz.
Quand dé brâvo-géns à moun agé
Qué voudriant esséy tout poriéz...
N'én sàï pèr làs viéillas rubricas,
Lâs valént bé quellas d'àuro :
Pèr carnovar fàut lâs mouricas ;
Pèr Paquèïs voudràï dàu chambo...

Sàï nâcu louén dé quetto villo
Dis n'éndr-énté y-àï vu lou jour.
Quél-éndr-éyr-àu mitan d'un-îlo
L'iovio dé l'aïguo tout autour...

L'éïtiü jomàï co n'y jolavo
L'hyvèr lou téms n'ièro pas béü ;
É quand no mèytresso changniavo
Qu'éyro pèr un golan nouvéü...

Quand mo pàübro màï randèt l'armo,
Moun pàï vévé pourtèt lou dàü,
Mé versèt plo màï d'uno larmo
Én prénént quéü bel hobit niàü...
Lo pàübro fenn-éyro séy tarras ;
Qu'éyro n'éymiréy dé vertu
Lo né moûtrèt jomàï sas jarras
Dé pàu dé fas véyré soun cû...

Coumo dîs lo flour dé moun agé
Mèiné lo vito dé garçou.
Déypéï qu'àï quitta moun vilagé
Domouré dîs lou récourçou...
Mé sàï jucha sous lâs râlettas
Dîs no quéyrio dé golatàü ;
Lugna dàu bru dé lâs chorettas,
Y-énténdé mièr quéü dàu margàü...

Quand lâs fillas mé vénént véyré
(Pèr molhur co n'éy pas souvént)
Mo jangotiü ! vou podéz créyré
Qué fàut qué l'onant brâvomént...
Én m'obourdant lour cœur palpito
(Co sé po bé dîr-éntré noû)
Car lo troto n'éy pas pitito
D'archélas séiçant-éycholous...

Sàï counogu dïn lo chariêro
Sous lou noum dé Pierré *Fay-tout ;*
Sàï mé-méimo mo chamboriêro,
Moun cousinier, moun marmitou...

Quand n'houstiéro d'uchéz mé porto
N'éymagé dé popier marka
Qu'éy mé-méimo qué, tras lo porto,
L'y crédé qué sàÿ déyviarda...

Mé fàÿ pas méytiéz dé noutâri,
D'éncro, dé plumo, ni popier ;
Douâz vés pèr jour fàut l'ïnvéntâri
Mé-méimo dé moun mobilier...
Lou porté tou sur moun éychino,
Mâs qu'uno vé ïaü chio vîti ;
É né cragné pùs dé sozino
Dîs l'houstàü quand n'én sàÿ surti...

N'àÿ gro ni pêlo ni marmitto,
Màÿ mo-fé m'én éymajé pas ;
Mèiné tout poriéz bouno vito ;
Fàut toü loü jours moü tréîs répas...
Pèr un déyjûnas n'én àÿ milo ,
M'én perchàycé pèr-çàÿ-pèr-làÿ.
Ïaü dîné toü loü jours én villo
É châz mé né soupé jomàÿ...

Ïàÿ un béü châtéü én Espagno
É sàÿ b-asséz rich-én béÿ-founds.
Moun pàÿ mé laissèt pèr campagno
Lou tour dé vill-é dàü dous pounts...
Pèr bosquèt ïàÿ lo torossado
Pèr vargéz, lo plàço dàü Bans ;
É l'éÿtiü, pèr mo pèrménado,
Lo léyo dàü péniténs blans...

Subré sas sochas dé pirtolas
Lou riché rouflo coum-un por ;
Én toutas sas dépénsas fôlas
Lugno-t-éü lou màü ni lo mor ?...

Au rit dĕ mo pàübro dénado
Sabé qu'àu sé môco dé mé ;
Pèr-tan, à lo fi dé l'annado
Y-arribé sitôt coumo sé...

Un sobén o méï din soun libré
Qué tout éy bién sous lou souléï,
No pénsado dé quéü colibré
Pèr moun archo mé fàï plozéï...
E si l'Autour dé lo noturo
Noũ guesso pica dé méyta,
N'àurian gu béü prénéï mésuro
Pén dé noũ n'oguesso mièr fa...

Boufé bién mo bouno bréjàüdó
Surtout quand ïàï lou sobouràü,
É sémblé lo *Morio-Popàudo*:
Quand l'éy sodoulo l'o dàu màü...
Quand sàï bién tundi ïàï lo louéyno,
Moun trobàï vàut bién pàu d'argén :
Mâs ïàï toujour càüco ricouéyno
Pèr fas rîré lo brâvo-gén...

Quand sàï coumo dé lo jàunesso
M'éyviz qué n'àï pas diéu-zét ans.
Moun armo ! léy-doun mo viéillesso
Sé counéï mas sur moũ piàüs blancs...
Mé fàut jomàï tiras l'éyquinto
Dé lo bolad-àu coboré
É morjiü bévé bién mo pïnto
Surtout quand lo mé côto ré...

Avant qu'ayé chobà mo roundo,
Séro béléü souléï couchà ;
Mâs quand réntré dégu mé groundo
Dis moun groniéz n'io mas lou cha...
Messieurs, si mo chansou v'agrado, etc.

Chansou sur loû Boulangers.

AIR : *Souvenez-vous-en*.

Toû loû péytours [1] viant jura
Sur l'étouffoir sur lâs mâs [2],
Qu'hûjan dégu pèr loû réîs
N'àurio dé déyréîs [3]   (bis)
A forço d'ûflas sas péûx
Én trop m'injant dé réïbéûx [4].

Quéû gran co s'éyrio mounta
Déypéï certén arrêta,
Qué lour défénd d'émbrussis [5]
    Pèr sé fas bâtîs   (bis)
Dé lâs douâz àu tréys méîjoux :
Sé mouché qui éy vourmoux.

Mâs mo-fé dilûs possa,
V'ouén séyrias vou douto,
Càûqué parjuro maudi
    Foguêrént lûzi   (bis)
Dé pléîx cobàûx dé réïbéûx,
Plo fricàûx màï plo rousséûx.

M...et G...rd é L..loun,
Mâs toû guêrént lou náz loun,
Lo véill-îs vian ribotta
    E tou calcula :   (bis)
Sur l'éypargno dàû réïbéûx
Chacun fogio soun châteû

---

(1) Boulangers.
(2) Les pétrins.
(3) Dérangements.
(4) Gâteaux des rois.
(5) Les boulangers prélevaient alors un droit illicite en PINÇANT un morceau de pâte sur chaque pesée. La défense qui leur en fut faite provoqua leur résolution de supprimer les gâteaux des rois, ce qui donna lieu à cette chanson.

CHANSOU SUR LOU BOULANGERS.

L'un vouillo chotas un por,
Tréys pessas dé périgor,
L'àütré boisas soun ségound,
    Fas fas un plofound ;   (*bis*)
Quéü-qui véy à so Margui
Chodéno é Saint-Esprit.

Auro qu'éy plo tou buffé,
Car qu'éy dissadéix qué vé,
Qué vôtré buré sé foun,
    Pèr qu'à l'unissoun ;   (*bis*)
Diàümén màugra J.....néü,
Noû crédoran : lou réï béü !

Chorado.

En moun prémiéz forias plo dé-ségur
Dìs nôtréîs bôs un soba dé molhur :
Mâs quan dé moù doréîs t'àurias no chorétado
Loû diòréîs si jomàï tu forias dé chorado.
Si pèr-tan moun pàübré Jeantou
Tu voléï counéisséï moun tou,
É si tu séz tan éntêta
Dé mé véyré dàu boun couta,
Archélo sur quello mountagno
Co gni-o-gro ni gàuliéz ni fagno.
Téï, véï-loû sus jucha,
Toû dé làuriéz cubers
Quîs qu'ant fa dé bous é béüs vers ;
T'orrêtas pas pèr càüco rimo,
Harpio jusqu'à lo bello cimo :
Séy fas sémblant dé ré
Pràïmo-té douçomén
É vizo dìs lou prémiéz rén [1].

FI DÉ LO PROUMIÈRO PARTIDO.

---

(1) Le mot est CORNEILLE.

TABLO.

	Pages
A Moussu Lo Fountaîno.	1
Lo Cigalo é lo Fermi...	3
Lou Rénar é lo Graülo..	5
Lou Rénar é loû Rosins.	7
Lo Gronouillo é lou Biàü.	8
Lou Rat dé villo é lou Rat dàû chans.	9
Lou Lou é l'Ognéü.	11
Lo Mor é lou Paübré...	13
L'Auvéillo, lo Chabro é lo Jùnjo dé méyta coumo lou Lioun.	16
Lo Mountagno préyt-à-couchas	18
Lou Jaü qué trobo un Diéman.	20
Làs Bètias molàudas dé lo Pesto	21
Lou Chopitré téngu pèr loû Rats.	27
Lou Rouvéï é l'Assoléï..	30
Lou Rénar é lou Jaü...	33
Lou Lou é lou Ché dé basso-cour.	35
Lou Chambolou é loû doû Bissas.	39
Làs Beillas é loû Burgàüs.	42
L'Auzello é lou pitîs Aûzéû	45
Loû doû Muléys	50
L'Oglian é lo Couyo	52
Lou Péyzan dàu Donubé.	54
Lou Lioun molàüdé é lou Rénar	61
Lou Pipéyàïré, l'Eparviéz é lo Làüvo.	64
Lou Jaï qué sé carro dé làs plumas dàu Pan..	65
Lou Lioun amouroux..	67
Lou Curèt é lou Mor...	70
Lou Toupi dé La.	74
Lou Lioun qu'éy véngu viéï	77
Simounido préserva pér loû Diüs.	79
L'Eycorobisso é so Fillo.	83
Lou Péyzan é soû Méynagéîs.	86
Lo Fillo.	88
Lou Chat é lou Rénar...	92
Loû doû Omîs.	95
L'Homé é soun Eymagé..	97
Lou Dépositâri ïnfidél..	100
Lou Mouniéz, soun Fils é l'Ané	105
Lou Trésor é loû doû Homéîs.	108
Loû Mémbréîs é l'Ertouma.	110
Lou Drogoun.	112
Lou Chat, lo Béletto é lou piti Lopïn.	115
Lo Pissorotto é làs douàz Bélettas.	119

	Pages		Pages
Lou Péyzan é lou Serpén.	122	Lou Lébràü é làs Gronouillas.	179
Lo Fenno néjado.	124	Lo Mor é lou Mouribound.	181
Lou Rénar é lo Cigouigno.	126	Lo Cour dàu Lioun.	184
L'Homé é lo Vipêro.	128	Lou màü morida.	186
L'Ané é lou piti Ché.	135	Lo jàuno Vévo.	189
Lou Chat é lou viéï Rat.	137	L'Ané é soû Méytréïs.	192
Loû doû Tauréüs é lo Gronouillo.	140	Lo Moucho é lo Diligénço.	194
L'Ané é lou Ché.	142	L'Ané qùe porto làs Réliquas.	196
Lou Lou é lou Rénar qué plàïdién dovant lou Sïngé.	145	Lou Serpént é lo Limo.	197
		Lo Lèbré é lo Perdrix.	198
Loû Loû é làs Berbîs.	146	Lou Pâtré é lou Lioun.	200
Lou Péchas-l-bòs é lou Diü Mercuro.	148	Lou Lioun é lou Chossodour.	202
L'Homé éntré loû doû agéïs é sas douàz Méytressas.	151	Loû Médécîs.	203
		L'Ours é loû doû Coumpognous.	206
Lou Méynagé qué sé néjo é lou méytré d'Eycolo.	153	Jupitèr é lou Méytodiéz.	209
		Lou Rat qué s'éy rétira dàu Moundé.	211
Lou Toupi dé terro é lou Toupi dé fèr.	155	Eypilogué.	213
Lo Béletto éntrado dîs un Groniéz.	157	Fragment inédit d'une Ode sur Napoléon.	215
Lou Cerf é lo Vigno.	159	A Mécèno.	217
Lou Ché qué port-én soun càu lou dînas dé soun Méytré.	160	Imitation de la deuxième Ode d'Horace.	220
		Noël nouvéü.	225
Lou Lou é la Cigouigno.	163	Chansou nouvèlo.	227
Lou Fàu qué vénd lo Sogesso.	165	Lo Méijou é lo Vito d'un Garçou.	232
L'Entèromén dé lo Liouno.	167	Chansou sur loû Boulangers.	236
Lou Lioun é lou Mouchou.	171		
Làs Fennas é lou Sécret.	174	Chronique.	238
Lou Rat é l'Eyléphan.	177		

FI DÉ LO TABLO.

www.ingramcontent.com/pod-product-compliance
Lightning Source LLC
Chambersburg PA
CBHW070637170426
43200CB00010B/2048